青春的滋味

青春的滋味

青春的滋味

青春的滋味

青春的滋味

最是徬徨少年時

親子教育家 陳美儒
神經醫學博士 翁仕明
著

推薦的話

最是徬徨少年時

台大電機系教授　毛明華

美儒老師的新書，讓我想起了一個德文名詞 die Qual der Wahl，指的是抉擇的煎熬，恰恰描述了青春期的徬徨。讀者且看美儒老師如何透過聆聽與巧思，進入少年的心扉，在他們面臨抉擇的關鍵時刻，切入給予建議，敘事明快讓閱讀如臨場。

美儒老師的得意門生翁仕明醫師，透過專業的神經科學來描述腦部思考、抉擇、情緒控制時運作的物理機制，開啟了另一個觀察面向。兩位作者慷慨提供多年的教學、行醫錦囊，相信對於讀者理解少年的徬徨有很大的啟發。

推薦的話

彼此扶持、關懷、陪伴，共創美好

時代法律事務所律師 張鈞綸

近年生理心理學等醫學領域的發展迅速，遠遠超過數十年前的想像。人類基因解組，發現遺傳因子對臨床特殊疾病的影響，百憂解這類的抗憂鬱藥物問世，新發展的身心疾病療法，讓我們不再把人的生理與意識當成兩個互相獨立的面向。任何一種心理上的困擾與疑惑，背後都藏著龐大而等待我們進一步探索的、存在於身體內部的複雜機制。

這是個全新的知識領域，既讓人欣喜，也讓人擔憂。台灣社會每年服用超過三億顆安眠藥，一百五十萬人罹患憂鬱症，六十五歲以上的長者罹患失智症的比例將近百分之五，種種夾雜生理因素的心理疾病就在身邊。人生各階段的煩惱，正是人之所以為人、無法迴避的煩惱。我們只能彼此扶持，並以知識去辨認它們，以關懷跟它們共處。

我們既然處於一個多元價值的社會，我們的功課就是一輩子的無止境。我們不能再用「好」與「壞」這樣一個二分法去為每個人歸類，也必須學著用同理、換位思考去認識那些我們看來似乎與我們不一樣、甚至是看不順眼的人們。

另一方面，我們該時時記得，我們都曾經年輕，我們也正在老去。我們都很有想法，也可能滿懷成見。歲月給與成年人經驗，但也提醒成年人經驗的局限。我們雖然能創造新的生命，但新生命才是他們自己的主人，我們該做的是彼此陪伴，然後為這些出於我們的下一代、為他們創造出的一切衷心喝采。人類社會最美麗的火花，誕生在已知與未知的交會處。

美儒老師是我高中業師，作育英才無數。翁醫師則是我建中優秀的學弟，專精神經醫學。這次老師與學弟聯手，從兩個面向切入青少年問題，涵蓋面如此廣大，確實是大小讀者之福。翻閱初稿，讓我的心思回到四十年前，那時的氣吞萬里如虎是青春，那時的霧失樓臺月迷津渡也是青春。這些心情既熟悉又陌生，果真是甚矣吾衰矣。唯一不變的，就是對老師永恆的感謝之意。是為序。

推薦的話

一本幫助孩子成功轉大人的好書

北市建國中學校長　徐建國

美儒老師又出新書了。

其實，身為知名作家與親子教育專家的美儒老師出書不是大新聞，但仔細拜讀這本《青春的滋味》，發現許多值得分享的地方。

她以一貫優美流暢、淺顯易懂的筆調，述說十六個青春少年的短篇故事，描寫栩栩如生，讓人有如身歷其境，在許多情節轉折處，常有為當事人捏一把冷汗的臨場感。雖然其間蘊含了人生智慧與教育哲理，但讀來就像在聽故事一般，高潮迭起，一氣呵成，完全沒有說教的感受。

本書談及的「自我追尋」、「兩性情愛」、「親情糾結」和「轉大人」等主題，都是青春期孩子最容易遇到、也最徬徨無助的事情，更是家長和教師非常熟悉、但難以面對與圓滿處理的問題。

因此，我鼓勵年輕人閱讀，相信一定能幫助您觀照了解自我，看清事情的本質，找到問題的解決之道，活出無悔憾的美好人生；本書也值得家長和教師閱讀，相信一定能幫助您理解青春期孩子的成長過程，看見每個重要人生轉彎處的風景，進而以智慧善巧歡喜地去陪伴我們的孩子平安健康轉大人。

推薦的話

當杏壇遇見杏林、名師與高徒聯手出擊

前建國中學校長、
現任慈濟教育志業執行長 蔡炳坤

十六個關於自我、兩性、親情、社會的故事，都可能就發生在您我周邊，最是徬徨少年時，頓時不知所措。透過美儒老師的理性與感性分析，加上DR翁的神經科學專業解析，當杏壇遇見杏林、名師與高徒聯手出擊，究竟會引爆出甚麼樣的生命教育火花？真是令人期待！迫不急待想從每個青春期孩子的故事中找到教養之道。

是的，「唯有陪孩子尋得自尊與自信，才是創造人生契機的最大原動力」出自美儒老師的這段深情寄語，搭配上DR翁「不妨多多觀察亞症孩子的特殊專長，讓他們有機會發揮在日常生活中」的小錦囊，讓亞症少年阿旻的「翻轉」路更寬闊、更精彩了……。

《青春的滋味》是一本兼具教育專業與醫學知識的教養好書，不只是值得推薦給家長、教師，也可以作為讀書會共讀討論，同時合適提供給師培生、醫學生閱讀。

推薦的話

正確引導 就可以翻轉人生

台大醫院皮膚科主治醫師　陸惟誠

與美儒老師的結緣得回溯到民國七時年，她是我高中的國文老師。那時候的我正是少年十五二十時，而她的年齡也大不了我們多少，在建中LKK的教師群中算是清麗動人獨樹一幟的。不像現在教改後的高中課程，我們那個五年級生年代的國文考試題目大多開門見山，鮮少拐彎抹角。所以只要上課時注意聽講，把規定背誦的古文熟記，要考低分實在都很難。除正課之外，老師每堂課必補充些新聞評論、生活哲理或是校園八卦，讓平淡嚴肅的剛性課程增添許多軟調的趣味，國文課也因此成為我們班上最捨不得打瞌睡的課。

千萬不要以為全國第一志願的建中就不會有問題學生，一般高中生會出現的狀況這裡一個也沒少過。就拿書中提到的亞斯伯格症候群（Asperger syndrome，簡稱亞症）來說，這是屬於高功能性的自閉症類型障礙。其中很多人是具有高智商的，所以考上建中並不意外，而建中學生亞症的比例比起一般的學校似乎又高一些。這類學生的特徵是有著人際溝通與社交互動方面的困難，言語直接，常常無意間得罪人而不知，也時常伴隨著狹隘的興趣與重複特定行為。不過只要瞭解這些小孩的背景其實一點也不難輔導，要知道他們的行為其實都是沒有惡意的。就像現任台北市長柯P一樣，只要經過正確的引導就可以翻轉人生，在適當的位子上發光發熱。

本書最大的特色除了美儒老師第一線教育人員感性的現身說法之外，也找了我的學弟神經認知行為專家翁仕明醫師來補充理性科學上的實證。讓大家聆聽興味盎然故事的同時，也吸收到了熱騰騰的醫學新知。

青春期的孩子充滿好奇、熱情、理想性、衝動、情緒不穩定與對未來的徬徨……等特質，真的須要有像陳美儒老師和翁仕明醫師這樣的專家來協助，才能讓孩子們更順利的渡過苦澀的青春。

新光醫院神經科主任　連立明

推薦的話

陪伴青少年孩子探索世界

疾病管制署副署長　莊人祥

剛收到美儒老師與翁醫師的新作時，內心真的是憂喜參半。喜的是老師出品必屬佳作，家長與師長們定能透過此書更加了解青春期孩子的內心和找到與其相處的適當模式；憂的是我正處理一起媒體關注的群聚疫情，每天忙得跟陀螺一樣轉個不停，憂心在期限內無法讀完內容與得空寫文推薦。

但當定下心後在細細品嚐老師細膩描述每個青少年案例的狀況後，總迫不急待地想了解翁醫師會如何以兒童神經科學的角度探討這些現象，最後竟一鼓作氣讀完，幸能不辱使命。

如您有機會翻閱這本《青春的滋味——最是徬徨少年時》，相信您會忍不住把每個案例都仔細看過，想多了解青春期的孩子到底在想什麼，及該如何陪伴孩子共同探索未知的世界。

推薦的話

做孩子最堅實的依靠

國立臺北科技大學
土木工程系教授　陳偉堯

美儒老師的著作一直都是親子關係間的良藥。很少看到與學生感情如此融洽、卻又能教導學生正確知識的師長。因為家裡剛好有正值青春期的兒女，所以讀起這本書時，特別有感觸，也點醒為人父母，不應該用自以為正確的教養方式，使得關係更加惡化。

常人道：「原諒你的父母，因為他們是第一次當爸媽。」雖然毫無經驗，容易在孩子步入青春期時產生摩擦，但是，相信這本書能幫助你做好準備，或者是調整你的心態，伴著孩子長大，如同美儒老師一樣，做他們最堅實的依靠。

推薦的話

一段橫跨三十年的情緣
一位兩代共同的心靈導師

台灣科技大學
財務金融研究所教授　繆維中

建中三十重聚，讓我們這群知天命的同學們重拾往日的青春記憶。在這段青澀卻也狂放的歲月中，有幸受教於美儒老師，在回憶的教室裡，老師以她深厚的國學底蘊，帶領我們悠遊於歷史場景之中與古人心靈交流，共同感受文字穿越時空的影響力。

然而最令人難以忘懷的，反倒是美儒老師對當年我們這群大孩子們所付出的溫勉關愛，以她百煉鋼化成繞指柔的本領，馴服這群年輕氣盛的小夥子。與同窗們回顧以往，常常浮現老師在講台前的聲音與樣貌，和與我們互動的諸多趣事。最幸運的是，多年之後還能與老師重聚同桌共飲，一同感受潛藏我們心中的這份甘醇與美好。

歲月匆匆三十年後，美儒老師早已是華語世界知名的國語文教育家與親子教養專家，而學生輩的我們歷經多次的角色轉變，對當年青春年少時期的內心世界早已不復熟悉，對下一世代的想法和觀念也時而感到陌生，不解甚或質疑。美儒老師的新作，讓我們有一新的契機再次認識曾經的自己，也重新認識下個世代年輕心靈的內心世界。

以美儒老師在教學崗位上多年的傾心灌注，對過往無數莘莘學子的全意付出，相信這本深入探索孩子內心的力作，將以她一貫和煦而溫暖的筆觸，引領我們進入一場跨越年齡與世代的溝通，帶給我們對當代年輕生命更深層的認識與理解。

作者序

酸甜苦辣鹹五味雜陳的「青春的滋味」

陳美儒

「青春」一詞，最早見於《楚辭》大招篇。「青春受謝，白日昭只。春氣奮發，萬物遽只。」內容大意是春臨大地，陽光和煦，生命的氣息奮發而起，原本沉睡的萬物也都將開始復甦。

可見青春一詞，最早指的是春天，延續到後來則將「青春」借代為，人生中流金般美麗燦爛的年輕時光。

青春是這般美好，青春卻也是如此危機四伏，年輕的生命充滿各種可能，喜悅或苦惱似乎一夕之間就可能風雲變色。

一句真誠的鼓勵和讚美，一種尊重和信任的態度，可能因此造就青春的人兒，開朗、健康的生活態度；一句偏頗不友善的批評，一個輕蔑不屑的眼神，也可能演化成青春的人兒內在的陰影，甚至成為終身焦慮不安的根源。

回想我那青春少女時光，傲慢和自卑經常在心底糾纏，青春帶給我的衝擊與困惑，翻遍了課本也尋不著答案。沒有人告訴我同儕的友誼該如何經營獲得？友情跟愛情又該如何界定？

情愛中，如果參雜了肉體情欲，是不是從此就不再純潔？所謂的純潔就是守身如玉嗎？

在那屬於神彩飛揚、青春紅顏的日子裡，常莫名的感到落寞、孤單；內心竟是滿載叛逆思維浪潮卻又亟欲掙脫世俗教條；我不知何去何從，那是我深感徬徨的「慘綠」青春年華。

多少次在考試挫敗中，無助的擁著棉被在暗夜中哭泣；也曾因為遭受同學誤解、被群體排擠，孤立無援獨自躊躇黯然；也許就因為跋涉過這許多不為人知的「滄桑」，所以當我走入杏壇與無數青春兒女朝夕相處之後，更因此讀懂每個青春容顏背後的真實聲音。

二十二歲不到，從師大國文系畢業：只因為想幫助弱勢地區的孩子，特地以系排行前茅的成績，跑到教育局請求由熱門明星國中（南門國中）改分發到台北邊陲的「南港國中」。實習一年，教的是國三女生班的國文兼導師；帶著這群青嫩懵懂的十六、七歲少女，表面上是師生，實則形同姐妹；實習結束，我被動的被調回全校只收男生，號稱「建中先修班」的大同國中，雖然已考取自費留學考，卻實在捨不得這群半大不小、天真活潑，情緒經常「陰晴不定」的男孩，我放棄了出國研讀的機會；一九七八（民國六十七年）以甫過二十五生日的青春容顏，應建中校長之聘，來到這人才薈聚，菁英濟濟的建中日間部任教；年輕未婚二十六歲不到的「小女生」，竟然來到這向來只聘高齡、資深教師的百年紅樓；聽說，我的年紀之「輕」，又「不小心」打破了建中老師必有一定年齡歲數的慣例。

物換星移，歲月嬗遞；在教學的路上，一晃眼四十三年；四十三年裡，除了教授國文，我同時當了四十年的班級導師。

「青青子衿，悠悠我心；但為君故，沉吟至今」，在長年與青春兒女朝夕相處，真實經驗與觀察中；在多年來，國內、國外數百上千的演講裡，更傾聽了無數來自各地青春兒女的心聲告白。

有人說，現代的青春兒女最幸福了，要什麼就有什麼，甚至還沒開口說要的，爸爸媽媽爺爺奶奶外公外婆也早已為孩子們備妥；許多少男少女都是「媽寶」、「爸寶」，都是爺奶的金孫、鑽石孫。其實，物資外在的豐富，並沒有減少現代青春兒女內心的苦惱、惶恐；現代青春兒女遭遇的挫折或誘惑，卻是更勝於清貧的上一代。

青春呀青春，是如此的璀璨絢麗，卻又是如此不堪的脆弱、晦澀。

青春的滋味就如同五味罐，酸甜苦辣鹹樣樣俱全。親愛的爸爸、媽媽、成年人，這些滋味您肯定早已嚐過，請問您又如何「消化」的呢？親愛的青春兒女，當你一不留意，遇見這些酸甜苦辣鹹時，你又如何面對呢？

翁仕明醫師博士，是我廿五年前的建中弟子；找他來與我共著《青春的滋味》：由我先敘述一個少年的故事，再請他以醫學的角度、科學的視野來說明青春兒女受困的「現象」。

《青春的滋味》正是我與仕明師生二人，攜手同心來為青春兒女、青少年父母、師長、所有成年人，分憂解惑的通關密碼，也是我們師生薪火相傳的具體實現。

希望透過《青春的滋味》，讓青春的個體找到潛藏的自己，能牽引天下所有父母師長能有所省思；願歲月靜好，人間親子更添甜蜜溫馨。

青春容顏的你，能因此擁有自信不再徬徨孤寂；已成年「轉大人」的你，能繼續青春的步伐，勇敢邁向未來。

作者序

打造一條連結「青春期」親子間的「高速公路」

翁仕明

「莫忘初衷」，一直是我內心所謹記的。十多年前，猶踏出國門時，彷彿玄奘取經一般，願將兒童神經領域的所見所聞，悉數帶回我的故鄉；十多年後，與美儒老師的意外重逢，又再度開啟了，我欲完成那「未盡夢想」的窗扉。

美儒老師：「仕明，我們該寫本書，同時用教育與科學的觀點，與青春少年們對話，你覺得如何？」

老師不愧是長久耕耘教育界，觀察入微；我心想，這正是坊間書市所缺乏的。

這陣子，不禁回想起，「青の洞門」的故事：話說約莫三百年前的日本，有位禪海和尚，他的故鄉本在越後國，爾後於東京淺草一帶出家，卻抑鬱不得志，於是便開始各處雲遊訪道。當他參拜九州中津藩的自性寺後，聽聞這競秀峰後山，還有另一座出名的羅漢寺，旋即踏上旅途。那九州的山峰綿延不絕，可謂之「奇險」，當地人則利用所謂的「青鎖渡」穿梭其間；「青鎖渡」的木板乃是沿著峭壁打洞後，一頭釘入山壁，另一頭延伸出來讓人於其上行走。「青鎖渡」的上方則是嵌入山壁的鐵鍊，可供人抓扶之用；而這鐵鍊經年累月、日曬雨淋，正所謂「青鎖」之名由來；但可想而知，必當毫無護欄可言。稍一失足，後果絕不堪設想。就這樣的簡陋「聯外道路」，卻還得車馬共行，真是看得禪海和尚膽顫心驚。

禪海和尚心想，若是能鑿穿這山壁，化為隧道，就不會年年有人無辜犧牲，葬送生命在這萬丈深淵了！出於出家人的悲願，禪海和尚花了數年的時間溝通，才讓當地人與地方官們，開始「正視」他的遠大夢想。爾後，他又花了整整「三十年」，打造出「青の洞門」；如今，經由日本考證，這工程浩大的隧道，即是日本第一條「公路」，有了這條公路，往來競秀峰後山的羅漢寺與部落，再也毋須擔心受怕。

這本書，也是同樣的歷程。美儒老師與我，開啟了另一種「工法」，好比美儒老師「出題」，身為學生的我「解題」；又好比美儒老師「主治」，身為學生的我「會診」，將一幕幕躍然紙上的青春兒女故事，利用教育與科學的方式剖析，為的就是，打造一條連結「青春期」親子間的「高速公路」，藉由這條「高速公路」，讓互為親子或師生的朋友們，不再感到對方如此遙不可及，而能「心心相印」。這就是我們願意做的努力，雖不及禪海的「愚公移山」，卻讓我這建中將近畢業「三十年」的校友，也花了整整「三十年」，才與美儒老師攜手完成。

衷心獻給家有青春少年的父母們、教育線上的師長們，以及所有永遠懷抱青春之心的你們！

青春的滋味
最是徬徨少年時

目錄

推薦的話 最是徬徨少年時 毛明華……2
推薦的話 彼此扶持、關懷、陪伴，共創美好 張鈞綸……3
推薦的話 一本幫助孩子成功轉大人的好書 徐建國……5
推薦的話 當杏壇遇見杏林、名師與高徒聯手出擊 蔡炳坤……6
推薦的話 正確引導就可以翻轉人生 陸惟誠……7
推薦的話 陪伴青少年孩子探索世界 莊人祥……9
推薦的話 做孩子最堅實的依靠 陳偉堯……10
推薦的話 一段橫跨三十年的情緣，一位兩代共同的心靈導師 繆維中……11
作者序 酸甜苦辣鹹五味雜陳的「青春的滋味」 陳美儒……13
作者序 打造一條連結「青春期」親子間的「高速公路」 翁仕明……17

第一篇 青少年的自我追尋
了解少年阿甘的內心世界

1 亞症少年阿旻的「翻轉」路……24

2 有一匹千里馬，藏在石頭裡……39
3 左撇子的「鬱卒」與奧妙世界……54
4 「豬頭」學生攻讀博士……69
5 他卓越他資優，卻十分不快樂……82

第二篇 青少年的兩性情愛

那些年，你追過哪些女孩？

1 青春兒女的感情，誰來作主？……98
2 枝上青杏的破冰之旅……112
3 尋找初戀的情人……128

第三篇 青少年的親情糾結

幸福三丁目，真的如此遙遠？

1 尋找「小王子」的真心……144

2 夢裡失落的海濤聲 157
3 大帥哥，堅持再熱的天裡也不洗澡 172
4 當自己的夢想，不能達成父母的期望…… 189

第四篇 青少年的「轉大人」

花甲男孩，何時準備轉大人？

1 少年白襪事件 204
2 都是網路惹的禍 221
3 老師我不想上大學…… 235
4 六指神少年 250

附錄

美儒老師火線話題12問 264

第一篇

青少年的自我追尋

了解少年阿甘的內心世界

1-1 亞症少年阿旻的「翻轉」路

1-2 有一匹千里馬，藏在石頭裡

1-3 左撇子的「鬱卒」與奧妙世界

1-4「豬頭」學生攻讀博士

1-5 他卓越他資優．卻十分不快樂

亞症少年阿旻的「翻轉」路

星期一，上午八點到十點的第一、第二堂，是我導師班級的國文課。

八點十五，八點二十，……八點五十，第一堂都打下課鐘了，全班五十二個學生，唯有最靠窗的角落位子，依然空盪盪的。那是阿旻的座位，人沒到，一張桌子卻堆滿了各科課本、參考書和《海賊王》《哆啦A夢》漫畫書；成疊堆砌有如幾個小山丘，又似堅定的護城牆。

九點十分，九點十五分……我繼續帶領著這群青春少年吟誦屈原的〈漁父〉，「舉世皆濁我獨清，眾人皆醉我獨醒……」；追述著這位生於西元前三四三年，出生楚國貴族、少年得志，光芒四射卻因「信而見疑，忠而被謗」兩度被貶，流放江南近二十年的悲劇愛國詩人三閭大夫。當他目睹秦將白起率二十萬大軍攻下楚都郢，毀宗廟、破陵墓而傷心欲絕；不久即以最絕裂的「死諫」手段，身綁巨石投汨羅江以明志。

總是遲遲到校的少年

……九點五十六分，距離第二堂下課鐘響只剩四分鐘；就在這當刻，我瞥見緊靠走廊的教室後門，終於出現了，阿旻那在同齡少年間明顯比較瘦弱的身影。

「報告——」書包斜掛在肩上，駝著背，歪著身子，低著頭，聲音小得像蚊子在叫；看他垂著眼瞼、撇著嘴角，一雙手緊緊的壓著書包；側著肩膀，舉步維艱的穿梭過後面一排排座位，走向他靠窗的位子。

開學都快三周了，阿旻天天遲到，像這樣趕在十點鐘前進入教室，其實可以說是「早到」了；聽說他在高一時代通常是快十一點才來到，有時候甚至要到中午吃飯時間才翩然蒞臨。

其實早在開學前的暑假，當我已確定要帶這班孩子從高二到高三畢業時，會先跟輔導室調閱每個孩子的A、B檔案，仔細探索每個孩子的家庭個資、成長背景、性向測驗；身為孩子的班級導師，我想唯有詳細的了解每個少年的家庭背景、身心狀況，才能更貼近少年的心，才能跟他們一起來面對生活、學業上的挑戰，以求解決困境。

阿旻：來自單親家庭，獨生子，居家跟爸爸同住，亞斯伯格症。

開學第一周的「家長日」，阿旻的爸爸沒來，代表來到的是他的姑姑。姑姑看來是十分疼愛這個姪兒。印象深刻的是，在會後與家長們各個道別時，姑姑緊緊拉著我的手，一再對我殷殷叮嚀：「老師呀，我家阿旻是個乖孩子，老師只要你好好跟他講，他都會聽的。唯一的壞毛病就是不肯刷牙、不愛洗澡啦。還有，常常打電動玩遊戲，玩到三更半夜，早上就起不來，上學就遲到了。」

五人小天使 morning call

為了破解阿旻這個遲到的狀況，我找了班上四位高一跟他同班的少年，加我一人，組成「morning call」五人小天使；輪流每天清早六點三十，打手機叫他起床。

剛開始幾天，他還肯接手機回應，接下來，阿旻就把手機直接改為語音答錄，我們這組 morning call 小天使，也就無可奈何「破功」了。

高一跟阿旻同班的少年私下告訴我：「老師，他現在能趕在十點以前到，已經很好了啦。從前他都要十一點多才到的，我們高一導師曾氣得把他全記曠課。」可是我心想：如果不以「病假」來銷記錄，那曠課累積次數之多，豈不大大折扣操行評比？甚至影響到將來是否能順利領到畢業證書？

不提他數理科完全不及格的低落成績，我特地在課後只讚美他國文、歷史、地理的優越表現；在開學第三天的一個午後放學時刻，我特地買來義美泡芙請他吃，在校園花圃角落跟他並肩齊坐，像跟老朋友一般的聊天說話。

當我故作驚訝的問：「為什麼國文史地可以這麼強大？」時，只見他笑得一臉燦爛，斜陽照映著他難得露出的整排黃黃的牙齒，還有那像彎月般的雙眼，在**那充滿光彩的笑靨裡，我初次讀到少年長久來失落的自信與自尊**。

「可不可以答應老師，以後打電動不要打到太晚好嗎？譬如以前每晚要打到凌晨一、兩點，從今天開始，我們提早到十二點就停，好嗎？不然，像現在，老師把你每天的曠課、遲到，通通改成病假註銷，不就成了『上下交相賊』？你會陷老師於不義喔。」

「好好好，我不要害老師。」少年聽到「不義」二字，神情認真地對我直點頭。

原來他是「鐵道小王子」

自從那次的交心相談之後，阿旻顯然地不再把我排斥在他思維的「護城河」之外；他會在下課時間突然在我身旁出現，甚至無厘頭地問我：「老師，你知道除了高鐵之外，台灣有多少條鐵道嗎？支線又有幾條？怎麼連結的，你懂嗎？」少年偷偷告訴我，他自稱「鐵道小王子」，宣稱要走遍台灣所有鐵道，將來有機會還要遠行歐洲，探索當地的鐵道規模。

有一天，阿旻神祕兮兮地在我辦公室桌上放了一張密封摺疊的紙條，裡面寫著小小的一行字：「老師，我喜歡一個女孩。」喔！少男的春心已動盪？是哪個女孩撥弄了他的少年心弦？

「是在補習班認識的嗎？喜歡，就勇敢主動去追啊。不過，老師可以用女性過來人的心情告訴你，女孩啊，還是會比較喜歡笑起來牙齒白白的，看起來乾乾淨淨的男生喔！」阿旻當場聽得一楞一楞的。

過沒多久，我發現少年阿旻笑容增多了，肩頭上原本常「雪花」片片的頭皮屑不見了；笑得開心露出牙齒，哇，變得白亮亮的哩。

高二下的三月天，全班將參加學校四天三夜的「教育畢業旅行」；行前，大家決議要組一個四人「採購小組」，到學校附近的「南門市場」買些肉乾、零食點心當宵夜。

說到採購零食點心，我發現阿旻一雙眼睛都亮了起來，還第一個舉手，主動表示他要加入小組。

紙片肉乾要什麼口味？微辣？芝麻？或黑胡椒？

芒果乾是台灣本土或菲律賓進口？

QQ軟糖半斤多少錢？花生夾心酥要整包還是零散？不開發票會比較便宜嗎？

阿旻帶著同學一邊試吃，還一邊跟人討價還價；我發現**當他擁有掌控力、決定權的**

時候，少年阿旻就「領袖」氣息上身，神采奕奕、自信盎然。

當上「總務股長」的阿旻

升高三的那個暑假，我跟班上同學私下溝通、運作，決定推選他擔任專管全班財務的「總務股長」。

自從當選總務股長的那一天起，少年阿旻更彷彿換個人似的，奇蹟般的每天八點不到就進教室，還會主動跟同學說話，甚至開玩笑；昔日肩上的「雪花」不但早已消失無蹤，連原本黃黃漬黑的牙齒也煥然亮白；更誇張的是，從前老是在三、四十分徘徊的數理化，竟也飆升到六、七十分。

大學學測放榜，我為阿旻寫推薦函，娓娓道敘少年勇敢面對自己困境的轉變；果然，他順利成功申請到一所國立大學的資料檔案管理科系。

如今，少年阿旻早已大學畢業，且應徵進入一家跨國科技企業，負責的正是材料採購。

科學與感性

阿旻真是個可愛的孩子，我這邊也有個可愛孩子的故事，要跟大家分享，他是小健。

初次相遇在門診，是兒童心智科轉來的，主訴是希望控制他的癲癇發作。

兒科診療室教戰守則第一條：降低孩子們看診的防衛心。

不難，就是「騙小孩」囉！

我們兒科醫師啊，就是善於心計，瞧瞧我的診間：貼紙、印章，一應俱全。

我所自豪的還有：身後那台精心布置的湯瑪士小火車！

小健被護士阿姨唱名的時候，頭低低的待在門邊，好一個害羞的男孩呢。

而小健的媽媽，使盡全力硬拖著他，才慢慢將他推進我診間，半推半就搬上那把小圓椅。

此時，我在心中嘀咕著：「看看這孩子，要先給他貼紙，還是聊聊車車呢？」

正當我遍尋各種不同工具，想盡辦法要來「攏絡」我這位眼前的小嬌客時……

他抬頭了！

那好，我先來給我們這位小嬌客施以小惠：「底迪，你要不要貼紙，我有麥坤的喔！」

總覺得有些不對勁。「……」，空氣似乎有點凍結，好吧，他可能不喜歡車車。

他像望穿秋水般的望著我的螢幕，有點出神……。

咦，我的螢幕？上面有什麼嗎？不就是那幾隻國王企鵝？

「喔！原來是小小動物控！這下有梗了。」我心中暗暗竊喜，哈，還是有方向的啦。

「小健，你好像喜歡動物，是嗎？」這應該可以打破僵局吧？

「跟媽媽去動物園時，有看過這種動物嗎？你知道牠們住哪裡嗎？」

他還是時而低頭喃喃自語，好像是跟自己說話，我則是有點聽不清楚。

「小健，那你認得出牠們嗎？」我繼續不放棄的嘗試與他對話，……

「你是誰？」「我認識你嗎？」

我有點漠然，「……，恩，你第一次來叔叔這裡吧？我們可以交個朋友嗎？」

小健卻仍然緊盯著螢幕，彷佛完全忽略我的存在。

不一會兒，我再次聽到他的喃喃自語，這次，稍稍清晰了一些。

「知道上面有幾隻國王企鵝是公的嗎？」

「知道國王企鵝在全世界企鵝裡排第幾高嗎？」

「知道國王企鵝潛水時，時速每小時幾公里嗎？」

我有些愣住了，「……」。

心想：我現在需要偷用手機 Google 一下答案嗎？我的媽呀！

接下來的半分鐘，他又自問自答說了些答案，笨拙的我卻一個也沒聽清楚！

「那麼簡單都不會，媽媽，我們真的是要找這種笨蛋看病嗎？」

媽媽趕緊跟我道了個歉，「小健啊！不可以沒禮貌！」

「翁醫師，對不起，我們家的小健有點特殊。」

我趕緊查了查心智科的病史，原來如此，是個小小亞斯伯格底迪。

媽媽又回身跟小健說明：「小健，別總是討論企鵝，你忘了今天是跟媽媽來看你的腦波報告的。」

「就是上次在頭上貼滿電線的檢查喔！你不是說要問叔叔，可不可以不要再吃那個討厭的紅色藥丸？」

對的，眼前的小健就是個真誠直率的亞斯伯格症孩子，語言能力看似沒問題，但對周遭人際互動的感受力不強，更別說是其他話中有話或有弦外之音的情境。

他們也常常專注在自己感興趣的題材（像小健的企鵝），他們雖偶爾會得罪人，不過，卻也挺可愛的，不是嗎？

亞斯伯格症其實一點都不罕見的，根據世界性大規模的流行病學研究，亞斯伯格症的患者，約占所有人類族群的百分之零點零五。換言之，每兩千個學生，就會有一位亞斯伯格症患者。然而，根據另一份澳洲的研究，亞斯伯格症的盛行率，甚至高達約六十分之一。按照此一盛行率，幾乎是每兩班就有一個亞斯伯格症的孩子。

催產素可有效治療亞症

我遇過好多亞斯伯格症的家長們，他們總是想知道，是不是有些方法可以讓他們的孩子，更能用心感受到他人的情緒呢？這時候，我就不得不說說，科學家們的努力還是很有意義！最近這兩三年，亞斯伯格症的治療似乎出現了新契機，這都歸功於一個老藥物的新運用：「催產素」。有些臨床研究顯示，當亞斯伯格症的患者接受催產素之治療後，運用腦部功能性核磁共振的檢查，可以發現腦中的「杏仁核」這個區塊，反應活性明顯增加。說到這裡，我們有兩個名詞要解釋一下，一個是「催產素」，另一個是「杏仁核」。

愛的賀爾蒙

「催產素」是什麼呢？怎會有如此神奇的功效？催產素是由大腦下視丘區域所分泌的一種激素，結構為一種多胜肽分子。「催產素」顧名思義，它的主要作用就是使女性子宮於分娩時收縮，與調整生產時子宮收縮的一連串機制相關。以前，我們只知道它在媽媽生產過程中所扮演的角色。然而，後續的科學研究，發現催產素在體內尚有其他多樣功能。

近年來更發現，催產素與母愛、愛情、信任感等大腦的一些情緒發展相關。更妙的是，催產素也與腦內產生類似嗎啡功能的「腦內啡」有共同交互作用。人體研究中也進一步證實，**催產素的濃度在熱戀的男男女女中大幅上升，所以又有個「愛的賀爾蒙」的別稱**。又因為它同時與「腦內啡」交互作用，讓人們身陷陶陶然的狀態，無怪乎愛情不但令人盲目，甚至還會讓人上癮！

至於杏仁核，在大腦中屬於所謂的邊緣系統。邊緣系統是原始哺乳類時期就發展出的特殊大腦區塊，在腦中主管一些本能的負面情緒反應與調控。此類的負面情緒包含焦慮、急躁、驚嚇及恐懼等，皆為杏仁核所主導，一般認為與早期演化時，產生躲避或遠離危險的動物本能相關。至於為何以觀察杏仁核的反應，來做為情緒實驗的指標呢？因為早期的神經認知學家們，覺得觀察負面情緒，最為容易且明顯，也因此，時至今日，負面情緒的觀察試驗仍為情緒醫學研究之主流。

回歸到亞斯伯格症的試驗，科學家們藉由一系列的相關臨床研究，發現只要將低劑量的「催產素」於鼻腔內局部投予，經由鼻黏膜吸收後，能達到一定的暫時性療效，部分改善亞斯伯格症患者的情緒表達反應及社交能力、社會認知能力等，同時增加亞斯伯格症患者說話時，與他人眼神交集或接觸的頻率與時間。這樣的初步結果無疑是令人興奮，如真日後能改善亞斯伯格的臨床症狀，相信一定能造福不少患者。

美儒老師深情寄語：

現代物理學泰斗愛因斯坦曾說：「人人都是天才，但如果你拿『爬樹能力』來評斷一條魚，牠窮其一生都會認為自己是個蠢材。」

天上一顆星，地上一個人；相信每個人天生都不免有些缺點、罣門，如何化腐朽為神奇，如何為生命找到另一個翠綠出口？

我以為，唯有陪孩子尋得自尊與自信，才是創造人生契機的最大原動力。

DR翁小錦囊：

三不：

1 勿用話中有話或是影射等深層涵義的溝通模式，亞症孩子將不易理解。

2 不要過度責罵亞症孩子所執著的興趣或喜好，這只會讓他們更加封閉自我。

3 切莫因為亞症孩子不懂人情世故，就言語霸凌，這樣只會導致更混亂的局面！

三要：

1 不妨多多觀察亞症孩子的特殊專長，讓他們有機會發揮在日常生活中。

2 愈親密的親人，更應與亞症孩子聊聊他的內心世界，才容易帶領他們出來接觸世界。

3 亞症孩子雖然須多花時間體會他人情緒，但只要有耐心引導，他們是願意學習的。

有一匹千里馬，藏在石頭裡

日前，應台北東區一所著名的「明星」國小之邀，為全校的「家長日」作一場親子教養的專題演講。

講演結束步出會場禮堂，就在走廊轉彎處，一位媽媽突然以「伏兵」之姿出現在我面前，鎖著眉頭，神情焦慮，語氣急促的對我說：

「老師，我的兒子才二年級，只是比較頑皮，有時候上課會坐不住。班級導師竟然要他單獨坐第一排角落，老師，這樣公平嗎？這是霸凌呀！」

過動兒媽媽的淚水

其實，學校校長、輔導主任當時就在我兩旁，後面還跟著好多家長，中年媽媽的出現，很顯然地可以看出兩位「長官」的臉色都十分緊張；再加上在眾人這番當面的「控訴」，周遭原本充滿笑容和樂的氣氛，似乎剎那間全凝凍成冰點；大家面面相覷，又有說不出的尷尬。

有老師馬上出來打圓場：「這位媽媽，關於孩子的事，我們事後再來了解、處理好嗎？」

我看見老師試圖要牽起媽媽的手離開現場，卻被中年媽媽用力地把手甩開。

「美儒老師你要主持公道，這是霸凌、排擠呀！」中年媽媽提高聲調，更是挺直脊背站立，一副毫不退縮模樣。

「來，不要難過。我想我能明白你的心情、你的委屈，孩子不開心，我們身為媽媽的，比孩子更難過是不是？」我走上前，用雙手輕輕撫摟住中年媽媽瘦弱的肩頭。

「老師，我……。」媽媽紅著眼眶，哽咽得說不下去，卻像小孩般地把整個頭撲靠在我胸前，壓抑地輕輕啜泣起來。

「沒事，沒事！」等她情緒稍稍緩和，我遞上名片告訴她，上面有我的手機號碼和 Email，希望她跟我聯絡。

我說，一定想辦法幫她。

目送中年媽媽瘦弱而逐漸離去的背影，我是滿懷同情又傷感且夾雜著許多無奈。因為遇見像這位媽媽，埋伏在會場門口「告狀」式的投訴，對我而言，早已不是初次。

多年來，從北到南，從西到東，舉凡到國小、國中的演講會場，就多多少少會遇見今天相同類似的場景，媽媽的憤憤不平，交織著媽媽的控訴與眼淚；說真的，我早已屢見不鮮。

各個學校的行政作為，我是絕對不能批評或干預的，唯一能做、能幫助的，就是傾聽「傷心媽媽」的訴說，然後建議她帶孩子到大醫院門診「青少年兒童心理」科，找專業的醫師做諮商或評鑑，再決定下一步如何陪孩子解決過動、坐不住的情況。

老師也有話要說

校園裡，學生、老師、家長是最重要的主體，也往往是最難平衡的「三角習題」；在「親師溝通」上，家長有家長的苦衷；在「班級經營」上，老師也有老師的苦悶。

曾經有國小的老師對我如此「哀怨」：「唉喲，那孩子呀，十分鐘都坐不住。自己動來動去，自己玩自己也就算了，他還三不五時發出怪聲，甚至走來走去，還跑到別排女生的背後，突然拉扯人家的頭髮，搞得全班『雞飛狗跳』，根本沒辦法上課。弄得好多家長要聯合署名，要求他轉班或轉校。」

近來也有老師壓低嗓音這樣告訴我：「到底誰霸凌誰啊？請他單獨坐一旁，除了保護其他同學也是保護了他自己呀。還有家長動不動就說，要找『水果報紙』來召開記者會呢。」

在中部某縣市教育局，舉辦的一場全縣國中教師「知能輔導研習會」後，有老師竟然對我說：「也許是建中的孩子比較可以溝通、比較好教，你才能一教就教了幾十年。老實告訴你，從當正式教師算起，我今年正好十二年，說真的，個人已身心俱疲，好想退休喔。」

看來仍青春貌美的老師深深嘆口氣繼續道：「我在黑板解一題基礎代數，聽到後面有笑聲、有叫聲的，回頭就看到兩個學生，一個拿掃把，一個拿拖把在後排走道追打。我只說：『好了，夠了，別鬧了，給我乖一點回座位坐好。』結果，他們竟然臉不紅氣不喘地回我：『沒辦法，我們都是過動兒，定不住啦！』美儒老師，你說，學生就是這個樣子，教育氛圍又是如此自主自由，我真擔心將來被霸凌的肯定就是我們這些老師了。」

年輕老師一臉揶揄、半開玩笑的終結她的研習心得感言。

豈是我愛動？其中辛酸有誰知？

「過動兒」如果不經特別的諮商輔導或專業醫師治療，在成長過程中無論是學業學習、同儕人際往來或家庭生活，確實比較容易遭遇挫折，**在身心不知如何協調下，更可能衍生出種種不適應的問題**。

過動兒可能遭遇的「痛苦」，包括：

1. 課業學習表現低成就。
2. 人際往來關係不理想，以致容易被視為「怪胎」而受排擠孤立。
3. 因為難以遵守一般班級常規而被師長、父母責罵，長久下來，容易造成沒信心、匱乏自尊。
4. 合併續發的親子關係、學習障礙，常不知如何面對自己的情緒波濤，無法控制個人的喜怒哀樂愛惡，而進入社會後也極可能會適應不良。

早期發現、早期治療是必要的，若能加上相關行為、環境及心理治療的配合，可以使藥物的療效和行為改善更加穩定且具效果。

身為爸爸媽媽的，有誰不希望生下聰明漂亮貼心懂事的 Baby？孩子有了與眾不同的情況，又豈是爸爸媽媽們所能預知掌控的？與其把力氣、時間來跟老師「爭鬥」，**倒不如面對真相，轉「敗」為勝的，陪孩子一起來度過「過動」期**。

號稱「飛魚」的美國泳將麥可・菲爾普斯（Michael Fred Phelps II），從童齡就被判定患有「注意力不足症」（俗稱：過動），但是在父母師長的鼓勵支持下，發現了他游泳的超優天分與潛能，以致擁有「特殊障礙」兼「體育資優」雙重身分。

剛滿三十二歲的飛魚，曾在二〇〇四年雅典奧運奪得六面金牌，二〇〇八年的北京奧運更創下八面金牌的歷史神話，二〇一二年倫敦奧運再添四面金牌，連同二〇一六年巴西里約奧運的五面金牌。在奧運泳賽史上，他一人刷新歷史紀錄，總共拿了二十三面金牌。

國際游泳總會（FINA）稱讚他是：史上最偉大的奧運選手。

科學與感性

「飛魚」的故事，真的很振奮人心，我這邊還有個名人，也是過動症的代表：邱吉爾。

對於英國首相邱吉爾，相信大家不陌生。他在二次世界大戰中領導英國，對抗英吉利海峽彼岸的納粹勢力，毫不畏懼，總是展現高昂鬥志，這便是邱吉爾給一般普羅大眾的既有印象。

直到現今我還記得，邱吉爾首相那張貌似鬥牛犬的堅毅臉龐。

話說邱吉爾小學的時候，就常常惹麻煩。小學低年級時，上課總是無法專心，甚至會跳上課桌椅，大鬧教室一番。

當時所有的老師，都視他為問題分子。

邱吉爾也曾回顧自己小學時的導師評語，導師曾寫下：「一無是處、不知有何未來性。」等諸如此類的評語。

很難想像，這些老師們對於將來能號令英國全體軍民浴血奮戰的領袖，竟留下如此的話語。

邱吉爾在孩提時期，對許多學科皆不感興趣，稍稍比較喜歡的，僅僅是希臘文、歷史、地理等。

他最喜歡從歷史的角度，比較今昔英國發展的景況，即所謂鑑古而知今。更喜歡繪製地圖，利用實際操作的方式，真正地學習地理。

這些成就未來戰略大師的特質，在邱吉爾讀中學時，被一位細心的老師察覺了，終於改變了邱吉爾對學業的態度，學習逐漸步入正軌。

邱吉爾曾回想起小學時，在學校遭受挫折後，不但感覺無地自容。返家後，更因對自己極無信心，心理影響生理，時常感覺頭暈、目眩、頭痛等不適的症狀。

他也覺得自己被學校系統孤立，似乎總站在教室的角落觀看，無法真正地融入群體生活。

這種典型在過動兒身上可窺見的特質，包括對課業無法專心、學習幾乎沒有成就感、身心俱疲等，皆是邱吉爾學校生活的真實寫照。

邱吉爾所在的那個年代，我們對過動症了解不深，或可說一無所知，因此幾乎毫無任何社會或醫療層面的協助！

現在又如何呢？

在我的門診，經常有些家長喜歡問：「我的孩子上課常常分心，怎麼辦？有沒有方式可以治療？」

媽媽們也常常強調：「如果我的孩子不分心，課業表現一定會更好！」

或者是說：「如果我的孩子能學會專心，學校功課就能更早寫完！」

也有的說：「我的孩子在班上都坐不住了，以後出了社會，該怎麼辦啊？」

還有人急切拉著我的手，眼中泛著淚光說：「醫師，你看看我的孩子是不是沒救了，他就是一刻都停不下來！」

為什麼我們的父母老把分心當作洪水猛獸？

理由很簡單，在華人的社會，父母相當重視課業成績。也因此，學校教育特別重視這一環，整個社會更充斥著「萬般皆下品、唯有讀書高」的氛圍。

於是，孩子們在學校無法靜心，無法好好的學習，就會成為整個系統中的混亂因子，而備受關注。

然而，我們真的對分心，有足夠的了解嗎？

分心真的「百害而無一利」嗎？

眼下的社會價值，真的是我們該信奉的唯一出路嗎？

我總是當著父母的面說：「分心不是一種錯誤啊！」舉開車為例，須眼觀四面、耳聽八方，如果不能學會分心，使用眼角餘光掃描，而只專注在方向盤上，豈不是更加危險？

科學家們也發現，從演化學的角度來說，人就是天生分心的動物。試想人類如果不是分心的動物，當年我們的遠祖在叢林奮戰時，將難以迅速分辨出環境中的危險，而早早被大自然所淘汰。

分心實際上也可以是我們最好的小幫手，難道不是嗎？那科學上對於分心，有沒有任何的研究或證據呢？

多巴胺的濃度與過動息息相關

神經科學家在研究神經細胞早期，發現大腦中充斥許多不同的神經傳導物質，例如：多巴胺、血清胺、乙醯膽鹼等，這些神經傳導物質無所不在，如果想像大腦是塊豆腐，每個神經傳導物質有「特定顏色」的話，好比是大腦泡在一缸五顏六色的調味料中，這不就是真實的「心靈雞湯」嗎？所以早期神經科學家，就展開了這類「心靈雞湯」的研究，藉由了解不同神經傳導物質，在這鍋豆腐湯裡不同時期的濃度高低，推測不同狀態下的大腦心智表現，是否與不同的神經傳導物質相連結，慢慢逐漸理解這些神經傳導物質在神經系統的定位；例如：多巴胺主管動作、血清胺可引發快樂情緒、乙醯膽鹼與清醒及記憶力相關等。

與過動症最相關的，當然就屬主管動作的多巴胺。我們來聊聊一個有趣的科學實驗，也是與多巴胺研究有關聯的。許多科學實驗，尤其是牽涉到腦部的，由於醫學倫理的因素，我們無法在真正人腦中模擬實驗，於是，科學家們藉由其他種類的動物模式，來幫助我們回答問題。

今天要幫大家介紹，一群科學家們利用「果蠅」來做專注力的研究，近一步分析多巴胺與過動症是否相關。對，「果蠅」，你沒聽錯！首先，科學家們將果蠅固定在一個小平台上，果蠅的前面有個投影的大螢幕，會傳送不同的訊息。根據以往的實驗結果，發現螢幕上的不同背景，會影響果蠅的專注力。於是，科學家先利用正常果蠅在不同背景下，蒐集一組專注力的觀察數據，當作對照組。

奇妙的多巴胺

接下來，為了探討多巴胺在專注力上的影響，科學家們利用一些突變的果蠅，有些突變果蠅腦中的多巴胺濃度過高，也有些突變果蠅多巴胺濃度過低，來看看多巴胺到底是高比較好，還是低比較好？結果相當有趣，無論是多巴胺濃度偏高或偏低，這些突變的果蠅，他們的專注力都下降了。也就是說，**正常果蠅的專注力有賴於多巴胺濃度位於「中庸」的境界**。哇，還真是「過猶不及，猶恐失之」呢！經由此類精密的分子醫學實驗，提供我們相當重要的過動症病因線索，也讓我們理解，未來新研發藥物若無法平衡腦部區域的多巴胺濃度，治療過動症非但不會成功，還會衍伸出更多難題。不過，我們堅信，真相有一天會慢慢浮出的！

科學的進展，不但讓我們理解分心並非洪水猛獸，反倒是動靜之間的平衡，也許才是問題所在。最近有個「遺漏式注意力」（Leaky attention），這個新名詞，乃是神經認知學家發現，過動的孩子由於較易被「需要大腦遺漏的物件」所吸引，而分散了大腦的專注力。然而，上帝面對這個美麗的錯誤，卻也給了另一個禮物：創造力。神經認知學家亦發現，**多數擁有遺漏式注意力的孩子，同時具備有豐沛的創造力**，有得必有失，不是嗎？

美儒老師深情寄語：

藏在石頭裡的千里馬

曾看過這麼一個故事，我一直很喜歡。

有個小女孩，春天裡在郊外路旁遇見一位雕刻師傅。

小女孩問：「伯伯，伯伯，您一直在看這個大石頭，是在找什麼？石頭裡面藏有什麼東西嗎？」

師傅道：「是啊，我還正在找呢。你到夏天再來看看就知道了。」

百花盛開，夏天來了，小女孩真的又跑來了。

結果，她在路旁看到一匹昂首舉步神彩飛揚的石頭馬。

小女孩拍手大叫：「喔—伯伯好厲害喔！伯伯怎麼知道哪塊醜醜的石頭裡，會藏著這匹馬？」

師傅微微地笑著回答小女孩：「只要妳用心、不放棄，就可以找到呀。」

是呀，親愛的爸爸媽媽，您可曾用一顆真情溫暖的心，永不放棄的意志耐力，去掘那隱藏在石頭裡的千里馬？

就如唐朝大詩人李白在〈將進酒〉詩裡所寫：「天生我材必有用」；到底要把孩子當良才來造就，或是當普通柴火，甚至是廢柴來對待，就全看您啦！

DR翁小錦囊

三不：

1 過動症必須經醫師診斷才能確立，絕對不要把不專心的孩子都歸類成過動症喔！

2 雖然過動或不專心可能與遺傳有關，但也請不要因此而放棄培養專注力的可能性。

3 即使孩子被診斷為過動症，千萬不要認定是病態，父母健康面對，孩子才會坦然。

三要：

1 專注力可以培養，如果利用記憶強化訓練的小遊戲，可以加強容易分心孩子們的信心。

2 天生我材必有用，所有過動症孩童都有特殊潛力，師長們應該幫助他們尋找並建立信心。

3 父母師長的支持，絕對是過動孩童們的支柱，所以良性的互動與溝通，才是真正的處方。

左撇子的「鬱卒」與奧妙世界

在拉丁文裡，左邊 sinister 這個單字的背後，即隱約含有「邪惡不正」的意味；至於法文左邊稱 gauche，這字彙更代表「笨拙」的意思。

英文左邊是 left，右邊是 right；看來英文對「左」似乎沒有特別貶損的味道，可是很明顯也很直接的讚美：右邊，才是「對」的。

慣用左手的人，也就一般人俗稱所謂的「左撇子」。

左撇子與天才的距離，究竟有多遙遠或太靠近？

可見自有人類以來，人們對於習慣用左手寫字、繪畫、使用餐具、打球、操作事物的「左撇子」，多多少少即有些迷信和偏見。追究這些帶有貶損歧視的偏見緣由，往往也只是絕大多數人皆是右手使用者，對於跟自己運作方式相反的人，不免有一種：看不懂、猜不透、看不慣的意識型態罷了。

根據醫學歷史記載，大約在距今兩百多年前，一位法國神經外科醫師布洛克（Braca）發現：**人類左邊的大腦半球主要控制思考表達能力**；沒多久，德國權威神經內科醫師維尼奇（Wernicke）更深入提出多年研究報告：有百分之七十至九十的人，其語言能力主要受到左邊大腦控制。

醫學界長久的追蹤研究顯示：慣用左手的人，比較不容易被催眠師催眠；「左撇子」的個人主觀意識比慣用右手者來得強烈許多；唯獨對空間的概念、方位的判讀「左撇子」遠比慣用右手的人薄弱不少。

許多世界級大師大多隸屬於左手世界的「精靈」，他們是曠世奇葩天才，如發現「相對論」的現代物理巨擘愛因斯坦，著名的文學大師：馬克吐溫、海明威，舉世聞名的人道主義醫師：史懷哲；世界藝術大畫家：米開朗基羅、達文西、畢卡索；世界級大師音樂教父：巴哈、莫札特；歷史性大人物：亞歷山大大帝、凱撒、拿破崙；美國棒球史上的全壘打王：貝比．魯斯（Babe Ruth）；近代美國總統則包括了：雷根、布希、柯林頓和歐巴馬。

高掛在法國羅浮宮的〈蒙娜麗莎的微笑〉，正是歐洲文藝復興三巨頭之一，達文西的舉世名作；蒙娜麗莎那充滿神祕感又隱藏弔詭、顛覆人間氣息的笑靨，據說也是達文西融合了左手世界藝術兼科學的一種表達。

左手無罪，探索左手世界的奧妙

慣用右手在人類世界佔絕大多數，這樣的大數據通常被視為「正常」；殊不知，不管是以人類學或社會學角度而觀，「少數」的存在其實是重要且必要。

為什麼會有天生慣用左手的人呢？

在醫學上有一派研究理論認為，這跟胎兒在發育時，體內所含男性荷爾蒙的多寡有關。

但是，**不論是慣用左手或右手，其發育成長和智力，與偏右或愛左皆無關**。

達文西是歐洲文藝復興時代的「巨人」，他是鄉下村婦與都市仕紳的私生子，出生卑微卻擁有非凡的藝術才華與科學天分，他的一生也是與原生宿命激烈抗爭的歷程。

「從科學中產生的創意，遠比科學本身更有價值。」這句流傳至今的曠世名言正出自達文西。

他認為，一個好的藝術家必須同時著重人體結構與內在的心靈感受。

在那個年代的畫家，都汲汲於捕捉人體細節的線條和隱微的美感時，他卻大膽地強調人體結構研究的必要，甚至打破一般世俗常規，驚世駭俗的主張解剖往生者大體以進行研究；因此被教會判定為「邪惡之人」，而殘酷地打入大牢。

如今世人皆讚嘆達文西的天才，但是在五百多年前，這位超凡入聖的藝術大師兼科學家，一生卻因為人們的無知與頑固，受盡訕笑嘲弄，歷經人世滄桑。

誰說「左撇子」就是「壞手」呀？

多次，在親子教養溝通的演講會後，遇見年輕的媽媽皺著眉頭問我：「兒子現在念國小一年級，他老愛用左手寫字，寫出一大堆顛倒字。比如說數字3，他會寫成E，常要被老師糾正，甚至罰他重寫五遍、十遍的。」年輕媽媽一邊說，一邊提筆寫出E給我看。

「我想兒子可能天生左撇子吧？可是我和我老公都是右手寫字，實在搞不懂他為什麼偏用左手？老師，你覺得我們做家長的要不要強迫他改變？」媽媽愈說，眉頭鎖得愈緊。

「老師，我女兒明年暑假過後就要上小學了。在她一歲左右，我跟她爸爸就發現她舉手投足明顯的慣用左手，我們想一切順其自然，所以沒有要她特別去改變。可是家裡爺爺奶奶就會說：『女孩家愛用左手，將來怎麼寫字呀？怎麼生成這種壞手？』」也是年輕的媽媽，也是同樣眉尖深鎖的容顏：「女兒不止一次地問我：『媽咪，什麼是壞手？媽，我的手，壞了嗎？』唉……我真不曉得怎樣回答才好。」

很明顯的，不管男孩或女孩，只要是「左撇子」，似乎從小就要承擔不少異樣的眼光；如果並排在餐桌吃飯，左手拿筷子就常會跟別人的右手相碰撞，甚至有形無形的被同儕「排擠」，被家中長輩視為「瑕疵」產物；而身為「左撇子」兒女的爸爸媽媽，感受的心理壓力更是有苦說不出。

優秀建中生，左撇子多不多？

「老師，依您教學那麼多年的經驗，您認為要強勢改變？還是隨他自然就好？」

「老師，我曾看過一些報導，說孩子如果天生慣用左手，而我們身為爸爸媽媽的如果用外力強迫改變；有的孩子會因此手腳不協調，甚至智力體能的統合也會錯亂。老師，真的是這樣嗎？」

甚至有家長直接問我：「老師呀，您教了那麼多年的優秀建中生，教出那麼多醫生、電機工程師、律師的，請問您統計過一個班大概有多少人是左手寫字的？」

是呀，以 PR 99、98 考進台灣地區高級中學排行第一龍頭「老大」的建中生，到底其中有多少比率是「左撇子」？左撇子與腦力智商又有何連結性？

一個班級人數五十人，究竟慣用左手的比例有多少？

依我個人從近十年的觀察和統計，一個班級五十人，大約有七至八人左右是「左撇子」；而奇怪的是，這幾年卻有愈來愈多人數攀升的趨勢。

是遺傳基因突變？或是因為現實環境和荷爾蒙後天影響所造成？這一切仍在醫學研究中。

不過我卻發現，不少代表台灣參加「世界奧林匹亞」數學、化學、資訊、生物的建中生，抱回世界金牌銀牌獎盃的，其中不乏慣用左手的少年。

我的女兒就是「左撇子」

其實我的女兒就是「左撇子」，所以家裡書房、盥洗室的喇叭鎖，早早就被慣用左手轉動的女兒一一「摧毀」殆盡；遇見繪畫剪貼時，我會特地買「左手專用」的剪刀給她。記得在她幼兒園大班畢業典禮要表演雨傘舞，我就天天放學跑去陪她一起舞、一起跳，學著跟其他同學用右手抓著傘的把柄，一起旋轉、一起擺動。

女兒在幼年時，也常為左手拿筆運作而感到處處「碰壁」、不方便，甚至盯著她口中的「笨右手」掉淚。

身為母親的我，只能安慰她：「你看看有幾個同學能像妳用左手寫字、左手剪紙、拿筷子？我們每個人都有各自不同的守護精靈呀。」

科學與感性

講到這個左腦右腦的分別，我們就不得不提起，現在語言學老祖師，布洛克（Broca）醫師以及維尼奇（Wernicke）醫師二人。早期的醫學專家們，對腦內語言如何產出，實際上有非常多不同的理論。與布洛克醫師同期，十九世紀中葉的一群神經醫學專家，他們認為，語言的產出，是一種整體性的變化，腦內的不同區塊統整在一起，方能一同執行語言的輸出，而無法將語言的中樞確定在腦的任一位置。

而早布洛克醫師約三十年左右，一位奧地利的醫師加爾（Gall），他則是首先提出腦內功能分區的概念。當然，他這個原創的概念，現在看來也許有些可笑，因為這位奧地利的醫師，將各式各樣的情緒、生理反應甚至度量衡與色彩，都變成了一塊塊的腦內分區，就如同下頁圖示，你的腦袋中竟有一塊專屬於重量或體重的區域，這當然不符合目前我們對腦部分區功能的認知。甚至他還提出了一個有趣的理論，叫做「顱相學」，也就是我們可以根據頭骨部分的起伏變化，預測出這個人的個性、智商，甚至於他的未來發展。聽到這裡，您該不會心想：我的老天鵝啊！這不就是摸骨嗎？

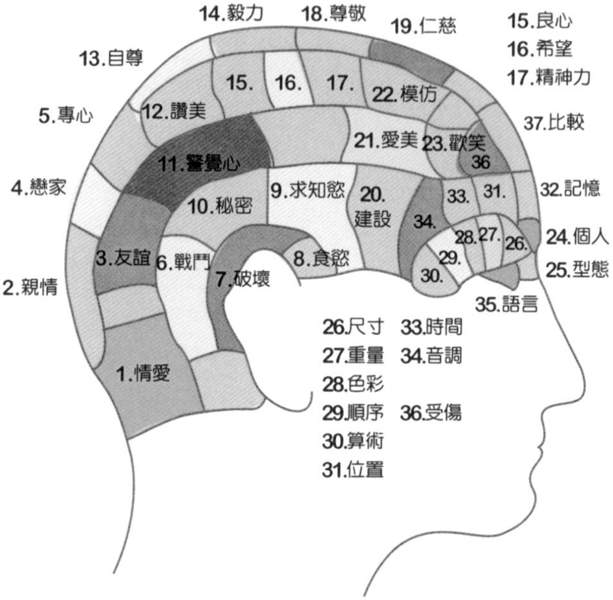

大腦左側的區塊

布洛克醫師所使用的研究方法，將臨床實證與理論連結。首先，發現在大腦左側位於顳葉的區塊，有兩位的病人因為這裡曾經受過傷，影響語言的產出，說話都斷斷續續的。最神奇的部分在於，這兩位病人對於語言的理解力，絲毫沒有受到任何的影響。由於布洛克醫師，他也是前述奧地利醫師加爾學說的追隨者，因此，他認為在原先加爾醫師所提出的腦力功能分區圖，可以多增加一個區塊，作為語言的中樞；他上百年前所提出的理論，經由目前的功能性核磁共振檢查，早已獲得證實。而維尼奇醫師與布洛克醫師，幾乎是相同時期也在臨床行醫的觀察中，發現一群病人，他們在語言的產出，沒有任何的障礙；然而，他們無法理解他人的語言，而且縱使語言產出正常，卻是一堆無意義的語句。

進一步的檢查後發現，這群病人在原先布洛克醫師定位的語言中樞並沒有受損，而是在這個語言中樞的後方，同樣位於左腦的一個區塊明顯受損。爾後他總結了布洛克醫師與他自己的發現，稱呼布洛克醫師的發現為動作語言中樞或是前側語言中樞，而他自己的發現，為感覺語言中樞過程或是後側語言中樞。這兩位的發現，奠定了一個基礎，也就是左側大腦而非右側大腦，在語言的產出過程中，扮演相當重要的角色。

左右腦應為互補的功能

可想而知，當科學家們發現，左右腦可能負責不同的功能時，所有的人必定相當好奇，左右腦到底各負責哪些具體的功能。所以，接下來的神經學家們，持續探索腦內不同區塊是如何分工的。另外，由於右側的肢體由左側的腦區負責，並且，左腦被發現除了語言，更與許多邏輯理解力相關，這就使得右手優勢說抬頭，開始有不少人認為「正常」的狀況下，應該慣用右手才是正確的。這樣的理論推衍，乍看之下是合理的，然而，並不科學。左右腦在人體中各司其職，並無所謂的哪一側較為優勢，而認為慣用右手才是正確的族群，卻往往由於人數眾多，而產生對慣用左手之少數族群的壓迫。當初的時空背景，可能無法發現此一個嚴重謬誤，因此，認同這樣理論的人們，就會不知不覺的，強迫慣用左手者，改回「正確」的習慣。

左右互補

左腦與右腦，在我們神經科學家的研究生活中，除了是重要的課題之外，更是我們互相捉弄促狹的小話題。說個最有趣的，"you have nothing right in your right brain and you have nothing left in your left brain"，這是我聽過最經典的笑話。翻譯成中文，正好使用了英文中左右兩個字的雙關語，在你的右腦裡面沒有任何東西是「往右的」，或解釋成沒有任何東西是「正常的」；在你的左腦裡面沒有任何東西是「往左的」，或是沒有任何東西是「被遺留下來的」，簡單來說就是腦袋空空如也。這樣的一語雙關，其實是在告訴我們，**左腦與右腦的功能，事實上是互補的，也就是說，左右並非對立的**。換句話說，左手跟右手也是互相扶持的，無論今天是左手還是右手強出頭，背後都有另外一個強力的後盾，才能發揮最大的作用。由此看來，為何主角非得要右手不可，而不能由左手來擔當呢？

最後跟各位補充一個小常識，通常兒童在兩歲以前，不會形成特定的優勢手，也就是說，幼兒通常是左右手平均交互使用的，優勢手現象會在稍後才逐漸明顯。如果幼兒在兩歲之前形成明顯的優勢手，很可能與潛在對側手動作或神經部分異常相關，這種現象往往需要兒科醫師仔細評估，方能檢查出其病因，不可不慎！

美儒老師深情寄語：

我曾六度代表僑委會、教育部，率隊前往美國、加拿大、澳洲、南非、中南美洲與澳洲，擔任《海外華文教師研習營》的巡迴講師，授課對象是中文學校的校長和教師代表；我教授古典詩詞與現代童詩寫作，結合經典文學與歷史，帶領海外華人品賞、學習中華文化之美。

為薪傳中華瑰麗深遠的文化，除了阿拉伯世界和俄羅斯，我幾乎走遍全世界。其中兩度來到華人聚集，華文學校高達一百八十多所的舊金山；風光綺麗與海相連的「漁人碼頭」，最是讓我印象深刻，留連久久。

在碼頭魚市場旁熱鬧的商店街，無意中發現一家招牌高高掛著「左手專用器皿」的店家。裡面所有的刀叉、湯瓢、剪刀、鑰匙，通通是為慣用左手的人設計。看了這一切充滿人道精神，製作細膩又溫馨的器皿，竟讓我一時激動，當場忍不住熱淚盈眶。

左手無罪，「左撇子」內心的「鬱卒」苦悶，我們應多同理體會；左手世界更是隱藏人類奧妙藝術與創意的結合。請善待你周遭慣用左手的親人、子女、朋友、陌生人。

以下是人類左右腦的機能，讓我們更清楚左右腦的各自功能。（如下圖）

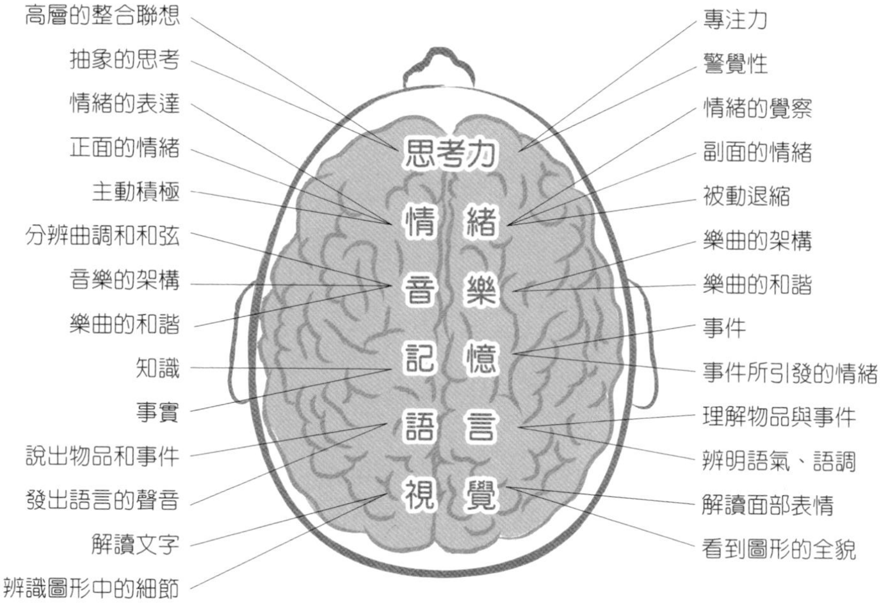

DR翁小錦囊：

三不：

1 無論是左手或右手，優勢手本身什麼沒有對錯，請勿矯枉過正。

2 不要過度解讀左右手與左右腦的連結，無論左右都是互補才能完成工作的。

3 兒童於兩歲之前，通常不會形成優勢手；若有此一現象，可能需要請兒科醫師仔細檢查評估是否有任何動作或神經異常。

三要：

1 孩子是獨立不同的個體，他們也許會學習我們的習慣，也有可能發展出與父母截然不同的生活模式，只要平安健康就是最好的。

2 您眼中的不同，有時往往是孩子日後生活的利器，有時放寬您的心，讓孩子自在翱翔，也是您給他的最佳禮物。

3 沒有人的人生是完美的，也因為如此，我們才有動力前進，邁向更完美的人生！

「豬頭」學生攻讀博士

「老師，我是戴威辰，今年夏天剛拿到碩士學位，現已考入博士班專攻半導體。博士班錄取放榜時，我迫不及待打了電話給您，想您一定會很高興；結果師丈說您正在美國加拿大巡迴教學，要等到開學前才回來。

偶而想起高中的時光，總感覺是那麼遙遠又好似十分貼近；曾經幾次路過南海路，想下車去探望您卻又擔心遇不著您，只好作罷。

想想建中名氣再響亮，唸個三年也就夠了，偏偏我卻整整唸了四年，甚至臨畢業，要不是老師『出手』相救去求數學老師，還差點過不了關。

人家穿上繡著『建國中學』四個字的制服、背上建中書包，頂著紅樓才子的頭銜是風光至極；而我卻慘澹經營，一路落魄不得意。

功課不好，偏偏又長得醜，幾乎每個老師都不太理我，甚至在我解錯題時，大聲叱喝：『這種題目都不會，你是怎麼考進來建中的？』有的老師甚至會說：『腦袋又不是水泥做的，笨呀。』甚至有一次數學、物理的期中考都拿了個位數字，其中一位老師當著大家的面說：『頭長得那麼大有什麼用？豬頭也挺大的呀。』從此，我多了個『豬頭』的綽號。

而只有您，您不但不曾因為我默寫不出古文段落而罵我，連國學常識的選擇題也題題作答，題題錯；您卻總是對我笑了笑，用那雙充滿關懷的大眼睛默默看著我。

下課時，您把我叫到校園角落，撫著我的肩輕聲細語：『會不會是讀書方法有錯誤？或是時間沒有安排好？明天把回家的作息表拿來給老師看看，我們一起來研究，想想補救的方法如何？』

也因為從您的眼光你看不到對我『厭惡』，而使我相信，我真的不是笨的無藥可救。我不是豬頭……。」

——在初秋的午後，我收到少年寄自新竹的厚厚信箋。

愛發問的他，同學卻說他「愛現」

戴威辰，我記得。不到一百七十公分的個子，頂著一張胖嘟嘟、佈滿青春痘的臉；高三那年，我擔任他們班的國文老師。

我很快地發現，無論是課堂上或下課後，他總是最愛舉手發問的一個，而且常在我講課解釋意境尚未完全的時刻，他會突然舉手打斷我的話語；所問的問題往往偏離正在進行的主題，甚至流於天馬行空不著邊際。例如我在吟誦《詩經》周南關雎篇：「關關雎鳩，在河之洲。窈窕淑女，君子好逑。……」我說：「一般人認為：關關是雎鳩的叫聲。」威辰這時候就會突然舉手且立即起身說：「老師說關關是雎鳩的叫聲，雎鳩到底是什麼鳥？你怎麼證明這就是牠的叫聲？」

雎鳩是什麼鳥？其實我接下來才要深入解釋：依據明朝李時珍的《草本綱目》註：鶚，魚鷹也，即詩經之「雎鳩」。一般人稱牠「食魚鷹」，能翱翔水上捕魚為食，也能大口啖蛇。

其實少年前半段的提問頗好，可是後半段要我證明「關關」為何就是雎鳩的鳴叫聲，這可就有點為難了。

讓同學觀感不好的，就是他總喜歡在我解說進行中，突然插話打斷我原本重點的「君子好逑」；這麼一來很可能打亂了我先前的思維邏輯，更令全班為之傻眼。有幾回，隱隱約約地聽見有同學嚷著：「無聊！愛現！」更有學生直接當著他的面，對我說：「老師別理他，他『秀抖』啦！」

而當我知道這少年是參加兩度「高中聯招」才考上建中，好不容易上了建中，偏偏在高一升高二時又被刷了下來，留級一年。（當時兩大主科加一副科不及格就得重讀一年。）而今高三的他，顯然還是唸得十分不順暢。

不過我也終於明白，這個「鬱卒」少年是多麼渴望別人對他的肯定，既然在數理課已被「踐踏」為豬頭，於是就鎖定國文課是他發揮的場地；只是這樣幾乎是每堂課的「特殊表現」，其實除了增添同學對他的反感，更沒有減少自我的人際困擾。

兵單已到，海軍陸戰隊

就在距離大學連招不到一個月的時候，那時學校已停課，學生不是跑去補習班參加「衝刺魔鬼營」，就是躲在教室角落或家裡自習，他卻突然跑來按我家門鈴。

「老師，我可以確定自己是考不上的。反正兵役單已來到，是海軍陸戰隊。我想先跟老師說再見……。」說著說著，一張原本胖胖圓圓的臉，好似消了氣的氣球，一下子都縮小了。

趕忙倒了熱茶請他坐下。

「哪有人還沒開戰就先說自己會敗的？念個理想大學一直是你的希望，又怎好這麼輕易就放棄？老師認為以你的實力，國立的大學不敢說，私立的至少可以考上幾個。只要考上了，好好唸，怕什麼，將來還是可以唸好的研究所。人生讀書的路，又不是這麼一個聯考關口嘛！」我忍不住拍了拍他的肩頭：「去呀，不要怕。盡力去考去寫，老師說你一定會考上的。」

放榜時，威辰果真考上了，考上第二類組依分數排行倒數第二的某私立大學數學系。

大學第一年的耶誕節，我收到了男孩用電腦自行設計的賀卡，他寫著：「老師，告訴你一件神奇的事，我現在竟然喜歡起微積分了。我準備考轉學考……。」

第二年，男孩果真轉學考入一所較具聲名的私立大學資工系；畢業時，他報名新竹一所國立大學碩士班考試，筆試成績名列第二高分。

口試時，別人二、三十分不到就過關，他卻在眾教授「圍攻」下，整整將近一個多小時才通過。

後來少年告訴我，剛開始教授可能看他畢業的私立大學似乎不怎麼風光，偏偏筆試成績卻這麼高，因此認為他可能是南陽街上「研究所速成班」補出來的，所以就故意「拷問」得特別深入又繁多。

「不過到了半小時左右，我們幾乎變成在聊天了。教授們對我好好，我們一起討論微分、積分，談得好開心。」第一次，我欣悅又驚訝的看到，那依稀仍佈著青春痘的臉龐，竟是燦爛的發出自信的光芒。

科學與感性

大雞慢啼，大鳥慢飛。**人生的際遇總是讓人覺得非常的奇妙，不到最後關頭，無法分辨誰是真正的贏家**。在這裡我要介紹一位跑步的贏家，而不是學業的贏家；因為他的故事與我的專業相關，也更加令人感動。

在我青澀的大學時期，那時男生都流行看職棒。想當然爾，兩大陣營，「兄弟象」跟「非兄弟象」，壁壘分明。我當然「不是」支持兄弟的，只不過，對手陣營有個「討厭」的傢伙，常令人感到芒刺在背，誰呢？就是「老邦」馮勝賢。

怎麼說呢？這傢伙守備有點滴水不漏，而且，還挺會跑。也許不是盜帥或是甘蔗這類球員等級，不過也算是常常盜壘成功。對上兄弟象，要不是進攻時被他瓦解攻勢，要不就是守備時被他盜壘成功，真是令人討厭！

無意間，我發現「老邦」跑得雖快，卻有那麼一點點不一樣，出於醫師的直覺，我總感到「老邦」動作雖敏捷，似乎有一點點說不上來的不協調，不過，真的要很仔細很仔細，才能發現。

這枝微末節的小觀察，有次，跟早產兒基金會的朋友閒聊時，意外解答了我內心的疑惑。

「馮勝賢是早產兒啊！在他們那個年代的治療，他還穿過鐵鞋，你沒聽過他的故事嗎？他很支持我們基金會呢！」

是的，後來我進一步了解，「老邦」不但穿過鐵鞋，而且直到五歲，才學會走路。一部分早產兒的後遺症便是肌肉張力問題，導致行動不便。這類的復健相當不簡單，也被我們小兒神經科醫師歸類為發展遲緩，通常必須積極利用早期療育介入，而且父母孩童都相對辛苦，更何況是父親早逝，由單親媽媽撫養長大的「老邦」。想到這裡，我就不禁肅然起敬。

馮勝賢五歲才學會走路，卻能完成百盜的里程碑，在兄弟象的眾多好手中，是僅次盜帥林易增第二個完成的。也許您會說，說不定他從小就很有天分，雖然行動不便，可能骨子裡就是個棒球好手，那我只能跟您說：「您錯了！」

當初馮媽媽帶著「老邦」的哥哥去棒球隊，教練也很中意他哥哥的體格，沒想到哥哥完全對棒球沒興趣，反倒是不被教練看好的「老邦」，吵著硬要加入棒球隊；想到這畫面，我腦中同時浮現出，福原愛當初也是在眾人都看好哥哥成為桌球選手情況下，她卻堅持要打桌球，意外成為日本家喻戶曉的桌球明星。

馮勝賢雖如願進入棒球隊，但是由於速度慢，體格也差，一開始非但成績不好，偶爾還會受到其他球員或家長的排擠、霸凌。即便如此，他就是不放棄，從一開始最討厭跑步的他，不斷提升自我，最後到美和高中棒球隊時，竟然一舉打破學校高懸數十年的四百公尺短跑紀錄，獲頒校運會金牌，這真是意志力的絕佳展現。

反覆練習才能成就自我

看到馮勝賢這個感人的例子，運動場上，其實幾乎所有的運動員，無論是否有天分，必定有著漫長的練習歷程，才能精益求精。鈴木一郎自幼每日練習揮棒到晚上十一點；冬奧蟬聯花式溜冰金牌的羽生結弦總是不斷重複那隨時會摔倒受重傷的四圈半迴旋；飛魚菲爾普斯一年練習三百六十五天，一天浸泡在泳池八小時以上；球后戴資穎鎮日反覆練習她那從小到大再也熟悉不過的正反手揮拍及發球。也許您會好奇想問，練習真的那麼重要嗎？

是的，一點不錯！在安德斯．艾瑞克森（Anders Ericsson）的大作《刻意練習》中，他提出了如何將有效的練習轉化成真正的成效。一般人的練習，往往是沒有目標的天真練習，或是可能帶有目標的練習。然而，「刻意練習」講的是一種進階的練習模式。一開始你可能對某件事抱持高度的興趣，接下來就必須設定具體的目標，想盡辦法完成它。多數人的練習模式僅此而已，但是「刻意練習」並不因此而滿足，除了練習的目標外，還需要自我的監控。

這個自我的監控，是給練習者一個類似客製化的環境，量身打造；在自我監控的條件下，發現自己不足的地方，進一步強化。例如無論是運動或是任何專業，不斷精進的過程中，許多人可能會到達一個平原撞牆期，而無法繼續前進。這時候自我的監控就要協助找出練習盲點，並且突破它，才能進入另一個更高的境界。

這種進階的練習模式，很強調在心智上的層次，也就是將練習的最終目標與心智表徵結合。**所謂的心智表徵，就是腦內對於某些事物迅速的連結與反應**，例如聽到「牙膏」，我們馬上會聯想到起床、刷牙、口腔等。當練習目標與心智表徵結合，等於是將這個目標內化成身體迅速反應的一部分，如果真能走到這一步，就能躋身頂尖之列，我相信，美儒老師故事裡的威辰，一開始應該是單純喜歡微積分，之後有目標的想要好好學習微積分，而在學習或是練習的過程中，必定不是一帆風順；但是由於內心對微積分的渴望，協助他自己找到學習的突破點。即使是在二流的私立大學，亦沒有參加補習班的魔鬼訓練，卻能夠在筆試一鳴驚人，讓眾多公立大學教授為之驚豔！所以，天下無難事，只怕有心人，這顆心，說的就是能將練習藉由自我監控而達到極致，不是嗎？

美儒老師深情寄語：

在威辰的酸澀高中路，到後來尋回信心，以至愈唸愈順的歷程來看；使我們相信，每個成長的孩子，都需要了解、鼓勵與關懷。因為，唯有擁有自尊，心中有愛的個體，才有無限潛能的延伸與爆發。

台灣有句諺語：「大隻雞慢啼。」是說長得又高又壯的雞，往往叫聲來得比其他的雞來得晚。這與老子所謂「大器晚成」的寓意似乎不謀而合。

日本的荒川靜香是眾所公認，史上最傑出的溜冰選手之一；從一個懷抱世界溜冰夢的五歲女孩，到二〇〇六年獲得奧運金牌；多年來一直在旁訓練、栽培她的教練，細數荒川靜香練習溜冰摔倒的次數，絕對超過兩萬次。

是呀，摔個四腳朝天，脊背酸痛、傷痕累累的兩萬次之後，才能創造出超越常人的卓越表現。

要邁向卓越，就必須走出原來的舒適圈，不怕失敗或嘲笑，堅定發奮向上；接受不可避免的試鍊與磨難，唯有歷經挫折困厄才有奠定進步的基礎。

被罵「豬頭」的孩子，如果因此落拓失意承認自己是笨豬一隻，那也只怕就永遠奔不到自己原本期盼的理想。

再說，每個孩子腦部開發快或慢，就如人心各自不同，「一種米養百款人」一般，不是嗎？

DR翁小錦囊

三不：

1 人人秉性不同，勿將自我的期望，過度投射在孩子身上；他們最需要的，往往是支持與關懷。

2 當孩子表現不如預期時，過度責罵並無法改變現況，需要的反而是面對問題與解決之道，也就是培養他們的自省能力。

3 你自己面對生活的態度夠有恆心毅力嗎？如果沒有，反倒是我們也需改進；記住，堅持也需要榜樣。

三要：

1 孩子都有其特點，天生我材必有用，家長與老師是挖掘孩子潛能的採礦者。

2 任何練習或投入，唯有付出代價，才能得到豐腴的收穫。

3 人生的道路上，只要持續奔跑就有機會，放棄才是孩子們最大的敵人。

他卓越他資優．卻十分不快樂

「三年十五班張家揚同學，請速來校長室報到。」同樣的廣播、相同的呼叫，在這早上已播放五次了；八點十分，第一堂課上課前播放了兩次，第一堂下課又兩次；現在是十點整，第二堂下課時間。顯然，校長室裡的人，對家揚的未出現是急得不得了。

家揚今天是不會來學校的，這在第一堂上課前，校長室祕書慌慌張張跑來教室找他時，我就告訴祕書：「家揚同學的媽媽，今天清早就來電說家揚昨晚發高燒掛急診，流感生病咳得厲害，今天要請假不會來校。」不知是校長室急「瘋」了，還是根本聽不進我說的話，竟然一大早響遍校園的就是「張家揚」三個字。

確實，家揚的母親在清晨六點多就來電：「老師，家揚凌晨四點多跑來我房間，說他整晚睡不著，吃了一顆醫生給他的『安定劑』，結果也沒用。只是抱著我哭，嘴裡嚷著好怕好怕。老師，我想他的恐慌症又復發了。」家揚的媽媽壓低者嗓子，聲音極低又脆弱，甚至隱隱約約的可以感覺到她似乎在顫抖。

「老師，今天學校有什麼特別的事要他做的嗎？」

「據我私下知道，今天好像有德國教育機構的主管要來訪問、交流。」我想，學校又想找家揚當翻譯兼接待；上個月來了一團法國高中的教職人員和學生代表，也是找了家揚加入學校的接待團隊兼翻譯。

具語言天賦，能說多種外語的「王子」

出生為外交官子弟，從小在國外生活成長；英語流暢沒話說，法語、德語，甚至西班牙語也是說得「嚇嚇叫」，反而最弱的是中文。

身高直逼一百八十公分的家揚，卻是頂著一張俊秀的娃娃臉，皮膚白皙得跟洋人幾乎沒兩樣，言行舉止尤其表現得更是溫文爾雅；同學都說他比偶像劇男主角更「偶像」，聽說鄰校的許多「小綠綠」暗暗的稱他是「王子」。

家揚是在高二下學期，以外交官子弟特殊身分來「寄讀」的；記得在入學的第二天，家揚的媽媽就打了手機約我在學校旁的一家小咖啡廳，說有些事一定要單獨私下跟我談。

家揚的母親，四十多歲的中年婦人，看起來不僅典雅漂亮，更是風韻十足。她輕啜著不加糖不加牛奶的黑咖啡，聲音細細的倒也十分清晰：「不瞞老師，特地選了您的班級，是想老師比較了解青少年的心。家揚表面看起來人高馬大，其實還是十分孩子氣。他出生在美國，卻長年跟著我先生職務的調動，十多年都在歐洲各國遷移奔波；這次我特別把他留在台灣、留在身邊，不讓他又跟爸爸去北歐，主要是……。」眼前這美麗的婦人突然眼眶一紅，聲音變得哽咽而幾乎說不下去。

看她好不容易的吸了一大口氣，才又接著說：「我們發現這孩子近一年來，單獨的時候常常會兩眼無神的發呆，三更半夜醒來，竟然在自己的床上嚎啕大哭。漸漸地，他的學業成績急速倒退；兒子私下告訴我說，常常無法集中精神讀書，覺得全身發冷、害怕，害怕什麼也不知道，就是心慌、恐懼、想哭。……後來我跟外子帶他到『兒童青少年精神科』就診，經過幾次測試和諮商，醫生確定這孩子不止是焦慮，而是有憂鬱症也有恐慌症。」婦人說到這裡，淚水已汩汩地潸然滑落。

「有時候一大早起來，他會滿臉陽光的吃早餐，說要早早到學校去。可是有時候，他又會突然垂頭喪氣說不想上學，甚至抱著我大哭。……」

那個黯淡的黃昏，那間小小的咖啡廳，瞬間好似全被這美麗婦人的淚水迷濛了。

「兒子會抱著妳哭，說不想上學，其實這也表示你們親子之間的感情是和諧的，你們的溝通是美好的。」當場我只能這樣安慰她，同時告訴她：「以後如果兒子對妳說不開心、不想上學，妳就讓他在家裡看小說、玩樂器、打電動都可以。千萬不要勉強他，我會幫他請病假的。」

探索資優內心的「黑洞」

這麼傑出優秀的少年，是多少家有青少年父母欣羨的對象？可是又有多少人能在資優光環下，真正看到所謂追求「卓越」所付出的代價？求學過程一路「過關斬將」，一次一次的百分滿級，一次一次的完美百分百的青春兒女，在那燦爛笑靨的背面，如果掀掉了背面的「浩然巾」，是否就無法自我承擔？

十七、八歲，多亮麗的流金年華，究竟是什麼因素致使他患了憂鬱症又恐慌症的？是因為從小不斷地隨父親外交生涯四處遷移所造成的嗎？既是獨生子又缺乏長久固定的同儕好友，也是因素之一嗎？外交官大多瀟灑倜儻，據說風流韻事向來也不缺乏；不知少年的爸爸媽媽是不是也真恩恩愛愛、一家和樂，讓少年擁有安全感？

唉，青春俊帥的少年的「心」是生病了，造成的因素也絕非單一；身為他的班級導師，我只能盡心關愛與包容；心疼、心痛又奈何？

誰在乎第一名？

曾經，有個學生名叫阿健，阿健在高中三年的學業總成績，始終保持全年級三十三個班一千六百多個學生裡排行第一；大學上的是他最嚮往的T大電機系，結果大一結束，他不只拿書卷獎，而且繼續秉持他全年級第一的紀錄。

可是就在大二開學前一天，他卻跑回學校找我，悶悶不樂的對我說：「……老師，怎麼辦？每天早上醒來想到要上學，要面對那麼多人，那麼多功課，偏偏又必須樣樣表現得好像很容易、很輕鬆，我就開始不快樂。我，我好像變得好害怕上學。老師，我想翹課、想逃出校園！再不逃走，我擔心會得憂鬱症。」

「快快拋棄第一名吧！一天到晚老是追求第一，多累呀。」我只有「狠狠」地直白告訴阿健，讀書求學最可貴的是它的過程，讀書終極目的是：培養一個人邏輯思考、思辨的能力；如果一直在意分數的高低、AB等第，**如果在乎的仍只是周遭掌聲的多寡；只怕將來人生的路也就愈走窄，愈來愈不快樂。**

長期追求完美百分百，埋下引爆線

多年前，我班上就出現過這樣的少年：學校的卡其制服不管是上衣襯衫或長褲，永遠熨燙得整齊畢挺，衣褲邊緣稜角分明；讓我驚訝的是，開學一個月不到，他的周記本已從原來厚厚的三十張變得只剩薄薄六張。

每一張、每一行、每一個字，一筆一撇一橫一豎，有如刀工雕刻般精確嚴整、大小一致；尤其讓我驚奇的是，全篇找不到任何塗改的痕跡，連「立可白」的「蛛絲馬跡」都沒有。

下課時間找了這長相十分雋秀的少年談話：「周記是我們師生心靈交流的平台，你把字寫得那麼漂亮、這麼用心，會不會耽誤了讀書的時間？」

少年笑得一點靦腆：「老師，我沒辦法啦！我一定要寫到自己看得順眼才可以，不然就撕了它。」

這樣一個外表不輸「金城武」，衣著光鮮潔淨幾近「一塵不染」的少年，究竟來自什麼家庭？是什麼樣的父母，造就一個凡事追求「完美百分百」的少年？

「學校日」親師懇談會，全班家長只有少年的父母沒有來。仔細查閱少年的資料，爸爸是一所私立大學的系主任，媽媽的名字乍看之下有點眼熟，後來想想，原來是一所明星國小的校長。

令人不解的是，少年當初以五科逼近全滿分的成績進入建中，為什麼高一學期的成績，就全盤「土崩瓦解」般的科科掛在六十分邊緣？

很快的我發現，少年每每在寫試卷時，總會不斷地回溯前面的試題而無法進行接下的題目；不論讀哪個科目，他始終擺脫不掉「逡巡」先前已看過的段落、頁碼。

在一個放學的傍晚，少年紅著眼眶終於跟我吐露他埋藏在心底多年的聲音：「從開始拿筆寫字，媽媽就規定我一筆一畫都不可以寫歪或超出格子，如果沒有合乎她的規定，她不是打我的手，就是馬上把我寫的那一張撕掉，要我重寫……。」少年說著說著，聲音愈來愈小，頭愈低，而且開始不自主的啃起手指甲。

什麼系主任？什麼師鐸獎校長？難道你們不知道孩子有「強迫症」的情況嗎？

兒子是否能擁有未來的人生健康路，你們可以「虛榮」地迴避、視而不見嗎？

科學與感性

看完美儒老師幾個學生的故事，您一定會好奇，情緒問題例如憂鬱症，到底有多普遍？

根據流行病學的資料，台灣憂鬱症的終生發病盛行率，女性大約百分之十，男性大約百分之七，也就是說女性大約每十人就有一位，男性大約十四位就有一位，比您想像中的高，不是嗎？

另外，根據WHO所統計的數據，**憂鬱症所造成的社會經濟負擔，僅僅低於心血管疾病**，位居第二。第二?!我相信你我皆認同，心血管疾病對社會或家庭的影響；但是您可能較少耳聞，呼籲社會大眾更加重視憂鬱症。是的，即使醫療衛生機構與公益團體等，皆不遺餘力推廣或宣導，讓社會大眾多加認識憂鬱症，然而，心理疾患，尤其是情緒疾病，總不似身體其他部位生病，有較為明顯的症狀或異常檢驗數據；甚至罹病初期，還經常得不到公平的對待，如職場中長官或同事，往往誤以為當事人在工作上故意拖延或懶散等，而使其病情刻意被忽視或忽略。的確，憂鬱症與其患者，都該獲得更多關注。

住院醫師的急診室

猶記得我在醫學中心擔任兒科住院醫師時，從第二年住院醫師訓練開始，我們還得負責大夜班兒科急重症的病患。

急診室的專屬急診藥局，一位與我同校藥學系畢業的，藥劑師學妹婉心，經常輪值大夜班。學妹長相甜美，笑臉迎人，除了專業知識滿分外，因為她相當有耐心且謙和待人，緩和了不少兒科整夜掛心的父母們。有時候路過藥局，我們都會趁空檔小聊，分享當天某些病兒的資訊。

某日半夜凌晨三點，在路上遇見學妹，她看來無精打采，基於關心，我稍微問候了她：「學妹，還好嗎？今天休息不足喔？」

婉心回我：「學長，謝謝您。其實我休息時間比之前還長。只是，最近一直覺得很疲憊，做事也都不順，但是我竟然沒有發燒或頭疼，以前沒有發生過這種不對勁的情況。」

我又問：「怎麼啦！如果是感冒或是身體不適，要不要跟王主任說，請其他藥師先代班。如果妳覺得不好意思，我可以幫妳跟他說。學長為人很公正的，上回陳藥師也是不舒服，學長還請其他院區的藥師來支援……。」

婉心回我：「這樣不好意思啦！我真的還好耶，上週才過去內科檢查，他們說抽血報告跟影像檢查都沒問題，要我找時間多休息；還說我年紀這麼輕，恢復力應該很好，要我別太擔心！」

我回她：「真的齁！有需要幫忙的要跟我們說，妳是我們兒科夜班藥局的支柱，請多多保重！」

說也奇怪，自從那天跟婉心聊過後，也沒聽說發生什麼事情，只是大約兩週都不見她蹤影。我也沒想太多，以為她只是調班到白天，或是休假出國玩了。

直到某天遇到他們藥劑部的王主任，他說：「翁醫師，好久不見，你還經常值兒科夜班嗎？」

我回他：「學長好！是啊，我們通常三天一班。對了，一陣子沒看到婉心藥師，她是休假還是調班嗎？」王主任回我：「學妹身體不適，已經留職停薪，你沒聽說嗎？」

我問：「是嗎？上回遇見她，她還說自己沒大礙，怎麼這麼突然？」

王主任說：「是啊！我們也很意外，聽說院內精神科醫師診斷，她疑似有憂鬱症傾向，建議她在家休養。大約從上上週開始，她不僅做事提不起勁，甚至連出門都有困難，於是我們火速批准她的病假，也緊急啟動了所有備用人力，唉……這麼年輕又認真的孩子……」

來自於「邊緣系統」與「前額葉」不平衡的憂鬱症

老實說，這是我第一回遇見憂鬱症的親友，幾乎是在我眼皮前發病，而我們身為醫護人員，卻毫無任何先見之明。婉心在休長假半年之後，曾回來當過一陣子白班藥師，卻仍然不適應醫學中心繁忙的業務，不久後就離職了。離職之後，聽說直接回中部老家，幾乎沒再上來台北，與我們也斷了聯繫。經過了這次的教訓，我更加關注身邊人的情緒問題，畢竟，憂鬱症可不是那麼顯而易見的。

那麼，科學上是否有相關研究，讓我們一窺憂鬱的成因呢？當然是有的！

依照目前為止的大腦影像研究，多數人認為憂鬱症來自於「邊緣系統」（包含基底核、杏仁核、下視丘等結構）與「前額葉皮層」兩個區塊的功能不平衡所導致。我們首先說明一下情緒，特別是負面情緒，如恐懼或是憂鬱等，在大腦中處理的大致流程。之前的科學研究證實，多數負面情緒中樞皆位於大腦中的邊緣系統；此「邊緣系統」乃演化過程中，較早就發展出的；因此，許多動物亦有類似的結構。由於負面情緒，在動物腦中屬於一種警訊，通常與逃生機制高度相關，所以不難想像，「邊緣系統」為何於演化早期就佔有一席之地。

然而，人類的負面情緒，為了不造成過於強烈的負面影響，必須先經過「前額葉皮層」的強度調整，轉變為人體可接受的範圍後，才進一步釋出。可以預見的，調控機制異常有可能為以下三種情境：

1. 「前額葉皮層」功能過於低下；
2. 「邊緣系統」過度高張到無法控制；
3. 或是兩邊聯繫出現問題。

若是以上這些情境單獨或合併出現，將可能造成無法承受的強烈負面情緒。偶爾出現一次，不一定會有明顯長足的影響；但是當調控系統過度脆弱或失能，不斷的出現這類的干擾，就極可能出現憂鬱症的危機。也因為憂鬱症普遍認為是調控的平衡問題，就不似其他局部性腦傷等疾病，輕易的可由大腦影像得到驗證，某種程度也因此增加此類疾病確診上的困難度，好比悄悄地降臨在陣前的敵人，等你赫然發現時，早已被奇襲成功而招致重大損失。

美儒老師深情寄語：

希臘大哲學家蘇格拉底說：「不經思考的生活是極危險的。」終日處在壓力量表中，經常被憤怒、沮喪、嫉妒、憂慮圍困的心靈，是難以清明從容智慧的。

近代法國哲人巴斯卡在《沉思錄》裡說：「人只不過是大自然中最柔弱的蘆葦，但他是會思想的蘆葦。」

蘆葦極易受風雨摧折，正如人之無法免於老病衰亡；但是身為人類卻擁有能「思想」能力，由此卻可以改變一切，造成美滿。

心，如果生病了，又能如何思想？

卓越、優秀不過是一個華麗的形容，虛榮的幌子；一個人如果喪失了思想力，那追求的名或利不也就如過眼雲煙？大夢一場？

DR翁小錦囊

三不：

1 標準訂定要合乎人性，而非一味高標準；如果標準過於遠大，苦了孩子也苦了自己。

2 天下之大，應有我們容身之地；但是，過於嚴苛的態度，只會讓您的孩子陷入不得不成為「梁山好漢」的絕境。為了身外之物，而做如此的犧牲，各位虎爸虎媽，您們真心認為值得嗎？

3 如有精神狀態不穩定，不應為了顧面子，而延誤就醫。精神疾患與一般疾病並無高低之分，及早諮詢專業人員，或可因早期治療，而縮短復原的時程。

三要：

1 接受人性的不完美，才能有追求完美的力道與努力空間。

2 分數是冰冷的，唯有親情能賦予溫度，而有溫度的分數才能長長久久。

3 憂鬱、恐慌或是強迫症等精神疾患並非遙不可及，細心並持續地關懷周遭的親友或孩子，方能及早發現，避免憾事發生。

第二篇

青少年的兩性情愛

那些年，你追過那些女孩？

2-1 青春兒女的感情，誰來作主？

2-2 枝上青杏的破冰之旅

2-3 尋找初戀的情人

青春兒女的感情，誰來做主？

「老師，妳還記得我嗎？莊漢國，建中畢業快十八年了。」週六下午應「行天宮文教基金會」的邀請，在中興大學法商學院做了一場開放式的演講；演講結束，針對熱情的聽眾，好不容易一一回答了他們的問題，就要下樓步出電梯的當時，一位年輕男士匆匆迎面而來。

「後來我唸了交大電子，現在○○科技公司上班。前些時候，打了好幾個電話到學校，都沒找到老師。上個月建中畢業典禮那天，本來想到學校找妳，後來又想，妳是導師，當天一定很忙，只好作罷。昨天在報紙上知道妳要來這裡演講，我就決定趕忙跑來。」說得很急切，我看見有汗滴從他額頭輕輕滑落。

「老師，最近有件事一直很困擾，我不知道該怎麼辦才好？」在校園圍牆旁木棉樹下，都快三十歲的他，臉頰看來顯得蒼白而瘦削；滿滿地追憶眼前這年輕男子在中學的模樣，我漸漸想起，男孩在高中時候的臉龐比較圓渾，人也比現在胖一些。

我愛上一個離過婚的女子

「是這樣。我現在的女朋友，人很好，我們在一起很快樂，我們甚至計畫結婚。可是，我的母親，甚至已經出嫁的姐姐、妹妹都跑回來一起反對。」

「為什麼會這樣？你父親的看法呢？」我不明白男孩家的女人，為什麼如此「團結」的排斥另一個即將成為一家人的女人？

「我父親好多年前就過世了。女

朋友是我國中同學，一直到去年，我們無意中重逢，才真正開始交往。……其實我也很清楚母親的心意，因為我女朋友曾經有過一段婚姻，她離過婚，所以母親不贊成我們往來。」男孩是家中唯一的獨子，寡母長期帶著他和其他姐妹成長，這期間歷經的歲月，一定有不少難言的辛酸。母親對男孩的獨霸性，會不會也因此比一般的母親來得強烈？

「有沒有試著跟母親溝通？」

「她，唉，幾乎沒辦法商量！因為只要一談起我的女朋友，母親就會發脾氣，甚至會大哭，說不想活了。我簡直不曉得該怎麼辦？可是我真的很愛我女朋友，我實在放不下她。……老師，可以幫我作主嗎？」年輕的臉龐印著深深的煩惱。

一日為師，終身「保固」？感情的事，婚姻的決定，曾經是你高三導師的我，真的可以為你做主？

吾家有女初長成

「妳知道嗎？當女兒告訴我，有同系的學長或男同學找她週末看電影約會時，我突然感覺整顆心都懸了起來，尤其是看到她雙頰泛紅，嘴角快樂地翹得高高的樣子，不曉得為什麼，我好像一下子手腳也跟著軟了。」是我多年好友，也是要好同事的薇娜，在初春的深夜裡，突然撥了電話進來；雖然見不著薇娜的神情，但是透過聽筒，仍可以隱隱約約的感覺她因為緊張激動而聲音微微的顫抖。

「妳說，我這個做母親的是不是太神經質了？女兒都二十歲了，從來也沒交過男朋友，現在好不容易終於有一個她看得上眼的男孩來約她，我應該高興才對。偏偏我這老媽卻是惶恐得睡不著。」薇娜的先生在海外設有工廠，長年大部分時間都旅居在海外，女兒婷婷真是從小就乖巧聽話的孩子，跟薇娜母女二人相依為命；婷婷平日除了上學讀書就是回家，更談不上有什麼男女往來的社交活動與機會。

「唉，我就是擔心她太單純了，怕她遇上不好的人，怕他將來感情受傷害，怕她從來不知道怎麼防備他人，怕她不曉得保護自己。唉，也許是我想太多了……。」那個夜晚，薇娜抱著話筒，低低絮絮的跟我說了她心底潛藏的許多憂慮。

我說，薇娜，你一定要看開一點。女兒都成年二十歲了，她一定會有必然的情欲和嚮往，你總不可能把她留在身旁一輩子吧？

我們的老祖宗不就這樣明白的說過嗎？女大不中留啊。留來留去只怕就要留成仇！**「仇」字不是恨，而是心有怨，是情有憾。**

妳今天焦慮擔心的是婷婷太單純，更因為從沒有男女交往的經驗，妳怕她遇上花心男子或負情公子而吃虧受傷，所以惶惶然地輾轉反側無法入眠。

可是，薇娜啊，妳一定要清楚，婷婷今日不與這個男子約會交往，改日她還是會遇見別的男人，終將還是會墜入愛情海，會進入她人生成長的不同階段；她不可能永遠當你心中純潔可愛的小 baby，她不可能永遠不知社會人心、人情世故，不可能永遠不食人間煙火呀。

就因為她太單純，所以更需要一些生活歷練，歷練中也許會遭遇一些挫折或不快樂，但是只要她能迎戰這些打擊或度過失敗的傷感，這些不論是美好或痛苦的經歷，終將轉化為她個人生命的資源與戰鬥力，也將成為她終身最可貴的生命力與智慧。

如何面對青春兒女的情與欲

面對青春兒女的感情事，對許多父母而言，實在是既期待又怕受傷害的一件心底事。

到底我們的孩子會遇見什麼樣的夢中情人，什麼樣的對象，又有誰能預料？每天報章新聞、社會版刊登的消息，似乎永遠有「情人看刀」，愛不到你，就要你活不下去；我得不到，別人也休想擁有的悲劇在上演。每天打開電視看報導，幾乎沒有一天能少了男歡女愛之後的紛爭糾纏或互相傷害；甚至還有涉世未深的天真少女，總是在缺乏自保能力、沒有防禦之心的情況下，被成年惡狼哄騙蹂躪欺負，甚至人財兩失。

您說，這些幾乎成了報紙天天固定呈現的斑斑案例事件，又怎不教家有青春兒女的爸爸媽媽們膽戰心驚，憂心忡忡？

不過，感情的事，終究還是要孩子去親身經歷，才是一種比較完整的人生體驗。

這些年來，最常遇到的是：我的昔日學生都上大學、研究所了，甚至已經在醫院裡當主治醫師，在科技公司裡任職要津，可是在遇見心儀女性，遭逢情海波濤時，學生的媽媽總是極力反對、拚命排斥兒子所交往的女朋友。

理由嘛，千奇百怪；多得是：嫌對方學歷人品無法跟自己的寶貝兒子匹配，也有嫌女方「下巴太短，福分淺薄」；嫌人家「臀部太小，將來生育不易」；更誇張的是，有的竟以對方政黨理念色彩不同，而堅持要小倆口分手。唉，不喜歡女方就不喜歡嘛，何必找那麼多藉口為難兒子？

多次，我那些已經二、三十歲的學生氣嘟嘟、無限懊惱的跑來跟我訴怨：「老師啊，妳有機會勸勸我媽媽嗎？到底是她在談戀愛？還是我在談戀愛？她喜歡的，我不愛啦！」

是啊，面對兒女情事，是可以關心但請不必太擔心；是可以低調的表達看法和建議，卻不必過度介入或想反向操作。因為**長輩的「反對」聲音，其實往往會從「阻力」造就了小倆口反彈的「推力」**。

科學與感性

談浪漫感情故事不是我們這類唸理工同學的強項，不過，我們善於包裝名詞。對於科學家來說，有個永遠熱門的話題，稱之為「求偶」或「擇偶」。換個名詞，我們這些死板板的科學家，就突然間對這個話題有興趣，這個名詞實在是下得太好了，談「求偶」或「擇偶」，感覺就是那麼地科學，不知您意下如何？

再科學點，我們就不能用人類當作研究標的，好吧，給大家介紹個神經學家喜歡的物種──「果蠅」。是的，您沒看錯，「果蠅」是我們研究「擇偶」行為的祕密武器。首先，果蠅的生命週期比起其他的動物短，如果使用果蠅，可以觀察生老病死百態。其次，正常果蠅的多數行為，已經被生物學家解密，可供為對照。另有一點，果蠅可利用基因工程將其改造，產生突變種，讓我們理解不同基因對物種的影響性，不過，切勿驚慌，我們不是真的要造出「變蠅人」！

果蠅的「求偶」行為，跟果蠅的大腦息息相關，讓我們來看看科學家發現了什麼？雄性的果蠅，在「求偶」的階段，如果他「相中」某位雌性果蠅，他會先跑去打招呼。這個類似搭訕的打招呼，就是公果蠅舉起他前方的小腳，拍一下母果蠅，跟她說：「嗨！妳好。」在我們看似平淡的拍打動作，其實是充滿氣味感的！

氣味感？對，當他拍打母果蠅時，母果蠅的費洛蒙就傳向公果蠅，這個特殊的氣味，馬上被公果蠅所接收。到底是芝蘭之香還是鮑魚之臭？公果蠅立刻藉由腦部的感受，判別出這位美女是否為「對」的人。當然，這個過程是互動的，母果蠅也會有反應，所以如果雙方認定可能是「對」的人，那瞧對眼後，就能進一步發展「對」的事。

「對」的事就是公果蠅進階的「求偶舞」。當母果蠅被認定為適合發展的對象，公果蠅就開始展開「追逐」。YES，世間所有的物種，無論是誰主動，都會有「追逐」的過程，畢竟找到「對」的人，還得要進一步付出努力，才能讓對方感受到你的熱情！公果蠅的「求偶舞」可是精采有情節的，首先，緊追在後的公果蠅會將自己的一側翅膀收縮，讓他更靠近目標母果蠅，「近水樓台」總是先得月的，此話完全不假。接下來，公果蠅使出渾身解數放大絕，震動他的翅膀，雖然沒有聲帶，依然可以為您歌唱，這就是公果蠅的「小夜曲」。在「小夜曲」之後，看看我們的美人，是否願意與他「共度良宵」。這個就是公果蠅曼妙的「求偶舞」最終目的，可不輸羅密歐對著陽台上的茱麗葉那段深情對唱。

碰到「對」的人，P1神經元就會被啟動

果蠅的「求偶」現象很早就被生物學家所記錄，但是到底跟神經科學有無關聯性？科學家們最近發現，果蠅腦部的P1神經元，具有統合能力，好比腦中司令台，接收了來自四面八方的訊息。前面我們提到公果蠅接收到母果蠅的費洛蒙後，就將訊息傳到這裡，如果是「對」的人，就會啟動P1神經元。這個動作很關鍵，果蠅的

現實生活中，也會有很多突發狀況的。

P1神經元只有接觸「對」的人，才能被啟動。公果蠅如果一個閃神，「搭訕」到另一個公果蠅，遠看貌似一個妹仔，近看卻發現搞錯了，P1神經元就會立刻踩剎車。還有啊，如果公果蠅「搭訕」到另一村的朋友（不同物種的其他蠅類），就會意識到他們間是不可能有完美結局的，因此P1神經元也會採取稍安勿躁模式。另有一點就是，當公果蠅很喜歡這個妹仔，也是本村的姑娘，卻發現家人早已名花有主，或是已有身孕，也不會貿然採取行動。在以上這些情況下，科學家們可是鉅細靡遺的紀錄公果蠅不同的反應，證實P1神經元的主控性。P1神經元就是憑藉著氣味，包含嗅覺與味覺，以及其他的一些相關訊息，整合出適合的對象，幫助公果蠅尋覓佳偶，修成正果。這一點我們得承認，公果蠅可不「隨便」啊！

用「現代」的感情觀面對兒女情感

回到人類，事實上，人類的感情更加複雜，只是礙於科學倫理，我們不一定能測試出如實驗動物般精細的「擇偶」資訊。**時代不停地改變，審美觀與愛情價值觀**

也不停地進化。中國古代的楊貴妃，在現今崇尚纖細美人的社會，不但可能無法受萬人欣羨，甚至須往醫美門診報到，減個幾斤，方可安寧度日。我還記得當初在歐洲留學時，假日閒暇偶爾會逛逛美術館，看到畫像中的人物，常感嘆，不過幾百年光景，當初仕女們的打扮，與大街上的摩登女性們，早已截然不同。

就這點看來，東西方在全球化的浪潮下，產生了幾乎相同的影響：特偏愛纖瘦的女子；尤有甚者，更出現「A4腰圍」比賽，這類不合理的病態追求。審美觀相較於數百年前，真是變化極大！

另一個鮮明的例子是，畢業後我在慕尼黑工作時，偶然觀察到的現象。慕尼黑每年十月瘋狂的啤酒節，把德國人拘謹的個性，藉由酒精的威力，一次釋放。眾人參與啤酒節，最正統的服裝，莫過於男士必須著皮褲（Lederhose），女士必須著特色洋裝（Dirndl）。為了方便下班後狂歡，多數人都是一大早進辦公室就穿來，當下讓我彷彿置身阿爾卑斯鄉間，差點聽到乳牛的叫聲！這類的特色洋裝，我曾經問過我的女同事們，她們大多是每年十月啤酒節拿出來晾個幾日，又再度收回衣櫃。好奇她們為何不當成正常穿著，她們只是冷冷地回我：「這種古裝，平常能看嗎？」哈，德國人果然直率，說得好，過了這個村，就沒那個店，時代的巨輪，不斷在改變我們的審美觀與愛情價值觀，親愛的爸媽們，可別再話說當年的種種經驗，幫您的寶貝們挑三揀四，很多都已過時囉！

美儒老師深情寄語：

當一雙青春兒女彼此愛戀的心，要硬生生的被阻絕隔離時，那種「羅密歐茱麗葉」情節也就往往直接反彈浮上「檯面」；男女彼此感覺被打壓的情欲，更是要大爆發；反對的聲浪愈是大，愈是將兒女推向愛的漩渦深潭。

孩子不論心靈或身體終究會成長成熟的，親愛的爸爸媽媽，世人笑稱的所謂媽寶或靠爸族，可是您造就養成的？您能一輩子當盤旋在他（她）頭上裝滿愛與指揮棒的「直升機」嗎？

「心」加「受」，就成了愛這個字；愛的本義，也就是要人用心去感受。

愛的本質，沒有對或錯；愛，是人類情感最美好的表達。

不過，所愛的對象如果有所偏執、價值觀有所誤差的時候，這份愛的質感內容，也就不免會產生一些摻有雜質的「化學變化」。

更重要的是，如果愛的技巧、愛的手段太過「粗糙」，不經思考、不夠適度柔軟的話，也很可能把原來美好的愛，扭曲成另一種壓力負擔，甚至演變成另類的厭惡與恨意。

我以為面對兒女的感情事，就是必要的鬆開手；因為鬆開手，孩子才有自主探索生命新世界的機會，才有學得與人群愉悅相處的能力；這也才是爸爸媽媽給予孩子，一生最美麗、最可貴的禮物。

DR翁小錦囊：

三不：

1. 感情的事，絕不是爸媽做主，而是當事人喔！
2. 介入孩子的感情，反而顯示對他們的不尊重，切記！
3. 切勿使用情感勒索，讓孩子在親情愛情二擇一！

三要：

1. 要與孩子溝通的，就是愛情價值觀，價值觀沒有對錯，僅有互相理解。
2. 尊重與互信的建立，方能從旁協助孩子，更能避免憾事發生。
3. 面對孩子的愛情事，我們所要做的，依舊是鼓勵與陪伴，陪他們度過這酸甜苦辣的日子。

枝上青杏的〈破冰〉之旅

再差三分鐘就八點，才見周明豪一手抓著書包，一手提著燒餅、豆漿，氣喘吁吁地跑進教室，頭一低就從教室後門一溜煙似的竄往他臨窗靠近角落的座位。

一個多星期來，這幾乎成了他每天早上固定的「演出」。

更有好幾次在課堂上，我看見他把原本盯著黑板的眼神一下就移到了窗外，然後又緩緩的飄向更遠的藍天白雲；一個人傻傻的楞楞的不曉得在想什麼，嘴角卻又「詭異」的勾著一抹難以遮掩，似笑非笑的模樣。

他的功課在班上高手雲集中，大概算中等；平日不善言辭，甚至動不動就容易害臊臉紅，但由於他的憨厚好脾氣又肯熱心負責，在同學間贏得極佳的人緣，高票當選副班長。

私下探問四周跟他較親近的同學，結果阿宏和小肇都笑瞇了眼，低聲的告訴我：「老師，自從上次熱音成發（成果發表會）後，他就被人電暈了。」臨走前，調皮的小肇還促狹的補充：「可憐虛竹從不近女色的，這是被電得就像遇到高壓伏特，根本沒心K書囉！」

喔—原來我們的害羞小生，綽號「虛竹」的明豪，只因一場校際友誼熱音成發會，一下子就墜入情網？

「明豪，老師發現你最近生活作息好像跟從前不太一樣，天天都快遲到了才來，上課又常常發呆，到底怎麼了？」午休時刻，特地找了他。

「我，我，哎唷，我又沒怎樣……。」「虛竹」支支吾吾緊抓著少男自尊不肯說謎底，卻已急得耳朵、脖子都一下子紅了起來。

「說真的，老師並不認為在這樣十七、八歲的年紀，男女交往就有什麼不對。不過如果因此掌握不住自己讀書的心，甚至成天神魂顛倒的話，不必一年後的大學學測來打垮你，只怕你自己就要被自己打敗了。」

「我，我從來沒有跟女生交往的經驗。可是自從熱音成發後，我們一起去吃冰，後來又約了看電影，我的心就好像變得很難安定。不怕老師笑我，我發現有時候一打開課本，她就會出現在書本上……。」看著少年說著說著，眉宇間已隱隱的皺了起來；很顯然的，青蘋果初戀的滋味固然甜美，讀書受到干擾的心卻也在辛苦自我掙扎著。

「面對感情的遐想，不必有太多自責，你只要重新好好分配一下讀書作息的時間，學業受到感情的加持鼓勵，說不定反而會表現得更好。老師相信依你的聰明才華，魚與熊掌終可兼得。」針對青春兒女的心情起伏，我向來喜歡以正向引導替代批判指責。

不小心「破戒」嚐了禁果

不過，想起與多年前，「大水牛」救美的真實故事比起來，明豪的情況可就單純多了。

來自雲林土庫鄉的林坤厚，體格碩壯、嗓門又大，綽號「大水牛」；他曾介紹自己的特色是：善惡分明、嫉惡如仇，所以大家也就推選他當風紀股長。

在一個秋雨綿綿的黃昏，大水牛突然毫無「預告」地帶了一個長得十分清秀，看來大概也是十六、七歲的女孩，直接跑來按我家的門鈴。

只見「大水牛」一臉慌張，緊緊躲在他身旁的女孩則雙眼紅腫，顯得早已以唏哩嘩啦的哭過好一陣子。

「老師，無論如何，妳一定要幫忙，不然她說她沒臉活下去。」什麼事這麼嚴重？我趕忙帶他們到我的書房。

「來，先坐下來喝點熱檸檬茶，心裡難過就哭個痛快再說，不要急。」看小倆口慌亂的模樣，暗暗心想：莫非這隻「大水牛」要當小爸爸了？

想想，也不過十六、七歲。年紀輕輕就離鄉背井來到台北讀書，繁華的「天龍國」市街，繽紛閃爍的霓虹燈，還有那人潮鼎沸翻滾的電動玩具場處處林立，許多設有包廂情人座的 MTV、KTV 就在巷弄大馬路旁，多讓人心動、多誘惑人呀！十六、七歲的少年男女，又如何不被挑動起那顆多情易感的心呢？

「老師，不是我啦！妳不要誤會喔。跟她在一起的是羅明，不是我。」大水牛急急申辯的話才剛落下，坐在一旁的女孩雙肩剎時更是抽搐得厲害，啜泣嗚咽得好像要暈倒。

來自南部鄉鎮的「天才」資優青春兒女

原來女孩、大水牛和羅明全來自雲林同一鄉鎮，從小就是鄉親父老心中的乖寶寶、資優生；三人也果真不負「江東父老」的期盼，北上參加聯考，結果女孩和大水牛上了第一志願，羅明則以兩分之差，「掉」到第二志願。

女孩和羅明一個選擇財經、一個想走大眾傳播，大水牛則早就確定有一天一定要回鄉行醫；也許是目標、話題比較相同，結果女孩和羅明就愈走愈近，放學下課或假日上補習班全黏在一起。

兩顆年輕的心、相同的青春熱體，更無法抑遏急待燃燒的情欲，從最初手牽手到嘴對嘴卿卿我我；到有一次一起進入一家MTV的包廂看電影，然後一場不在計畫中的人生初體驗，青春肉體的破冰之旅，就在那間小小的包廂放映室不自覺的實體上映了。

「我媽媽如果知道的話，一定認為我太不自愛，丟家人的臉，會把我打死的。老師，我那個已經晚了快兩星期了，我怕，我怕是不是有baby？」女孩慘白的臉龐掛著淚水，也掛滿驚慌和恐懼。

羅明呢？大水牛說，羅明一聽到女孩的情況，竟然嚇得躲了起來，甚至已經有三、四天沒敢到他就讀的學校上課。

「MC週期時間來晚了，並不一定就表示懷孕；有時候感冒生病或過度緊張、精神壓力大太大時，也都有可能延誤時間。」我伸手圍住女孩的肩，安撫女孩激動的情緒。

當年驗孕棒並不像現在這麼普遍，隨便找一家便利商店或屈臣氏，花個一百多元就可以買到；我決定當女孩臨時的監護人，帶她到附近的一家醫學檢驗所驗孕。不過在檢驗前，我還是提醒女孩：「不管檢驗出來有沒有懷孕，都不要太擔心，相信老師一定可以跟爸爸媽媽溝通，想出最好的方法來解決。」

結果，檢驗報告出來，沒懷孕。

一直到今天，我仍然記得女孩在得知沒有懷孕的當下，那「欣然有生望焉」的燦爛笑容，一掃先前的愁容滿面；在高興地雀躍跳起的當際，我清楚看到女孩臉頰兩串晶瑩淚珠也跟著潸然落下。

科學與感性

十多年前，當我還是台北市立萬芳醫院兒科總醫師時，有一天，輪到我白天支援急診。萬芳醫院是一個麻雀雖小，五臟俱全的醫學中心，雖然病床數無法與一些巨型醫院相比，但是科別精緻度高，服務品質也好。在萬芳醫院，我們堅持小兒急診由兒科部負責，理由很簡單，我們兒科的至理名言：「小孩不是縮小的大人。」雖然同為急診，兒科醫師總是較為熟悉兒童的急重症，因此，我們兒科醫師會輪流急診排班，一年三百六十五天，一天二十四小時不間斷，為的只是保證小小病人的就醫權益。

我記得，那天有點陰雨綿綿，陽光都不露臉。一般而言，白天小病人不多，如果可以等待，我們會請家長們轉掛號到兒科門診，接受更為全方位的服務，畢竟，急診本質還是處理急重症。

「翁醫師，有個媽媽幫她女兒掛號，說是肚子痛。」急診護理師雅婷突然叫住我，提醒我接下來有病人。

我趕緊打開電腦，瞄了一眼基本資料：「十六歲？大女孩啊！很不舒服嗎？」

「看起來還好，媽媽比較緊張，附近高中的學生。」雅婷邊整理資料邊回應我：「你就幫她看一下，聽說老師希望她不嚴重的話，還要回去繼續考試。」

「考試？喔，對了，都已經開學一個月，應該是段考的時間。」我稍稍檢查我的小探照燈，還有電，應該不用換電池。「不過，青少年很排斥來我們這區吧！」

「何止排斥！剛剛學姊在檢傷區已經跟她大吵一架，因為她堅持要到成人區。」雅婷神情有點不耐煩地說：「兒科規定就是到十八歲啊！這有什麼好說的，青少年有的就是脾氣拗！」

「不會啦，這很正常，他們希望被當大人對待。」我轉頭問雅婷：「你讀高中時應該不喜歡去兒科診所看病吧！」

「我的身體好的呢！根本沒去過！」雅婷答。

過了約莫五分鐘，我彷彿聽到外面一對母女的吵架聲，心想，應該就是她們了。

「醫師，你幫我勸勸這孩子！」媽媽一個弓箭步已經踏進診間，我隱約瞄到她女兒還在門口。「肚子疼老是忍，永遠不來醫院檢查！只會在家跟我賭氣！」

媽媽望了望門口：「妳還不進來，這裡沒有其他小孩，快點！」

雅婷幫我跟這個大妹子勸了勸，總算讓她進到我診間。我迅速地問了一些生活作息跟服用食物藥物的病史，就請她平躺在急診的觀察床上，準備敲診及壓診腹部。

「叔叔，我通常是這邊有點不舒服，痛的時候一陣陣，但是忍一下就好了，真的不要緊，是我媽很無聊！」感覺這個女孩已經有症狀一段時日了，但是回答時，還是不免有情緒。

我完成身體評估後，決定幫她做些檢查，於是印了些檢驗單。「媽媽，妳先幫我去檢驗科拿個杯子，等會兒給妹妹驗尿用，對了，妹妹先在這裡休息，妳去拿就好，前面轉角處。」

老實說，我是有意「支開」她媽媽，好讓我進行接下來的問診。

雅婷跟我有一定的默契，畢竟同事久了：「媽媽，我陪妳過去，順便帶妳去放射科那邊送檢查單。」

眼看著媽媽逐漸遠離，我回頭問了這個女孩：「妹妹，你是念隔壁的學校吧？」

女孩點點頭：「嗯，但是我沒來過你們醫院。」

「好，妹妹，接下來我會針對妳的身體狀況，詢問一些問題，希望妳據實回答，好嗎？」

「嗯嗯，好。」女孩在媽媽遠離後，情緒相對之下比較平穩。

理等。

於是，我直接問了一些較為敏感的問題，包含經期的規則性以及日常的婦女護

到了我覺得比較關鍵的問題，我瞧了一下門口，媽媽似乎還沒回來。「妳有沒有跟男生在一起過？」

「在一起什麼？我們是男女合校啊，你是說出去玩嗎？」

啊！我好像用錯「術語」，應該使用他們年輕人的語言。「好，我是說性行為，妳有交男朋友而且有性行為嗎？妳媽媽還沒回來，這個妳要老實回答我。」

女孩有點驚訝！神情慌張了起來，先是左顧右盼，然後又低下頭來，慢慢地訴說：「我月經都有來啊，而且，他跟我都很小心……。」

「好，妹妹，我跟妳說，我大概知道狀況了。」女孩的眼神中流露出些許的不安，我繼續跟她說：「等一下我們會有一位婦產科醫師幫妳做檢查，妳應該是骨盆腔發炎了，所以我才會問妳這個問題。」

「你不會跟我媽說吧？她知道的話，我會被打死！」女孩有點驚魂未定。

「目前暫時不跟她提，因為原因不一定是這個。」

女孩看著我，似道謝般地點點頭，不發一語。過了不久，媽媽終於回來，我請

雅婷領她們去婦產科學長的診間，並且跟媽媽說明，接下來由他們接手，因為目前看來屬於婦科疾病。

「幸好不是又搞出人命！」雅婷送走她們後，悠悠地說。

「PID，骨盆腔感染性疾病，我很少在年紀如此小就發現的。」一邊思考，我一邊搭腔：「以前婦產科老師都說，這個是新婚蜜月期常見，現在的孩子，真是愈來愈開放啊！」

性賀爾蒙可促成腦部的成熟

當初我在萬芳醫院待了七年，這樣的案例一年不到一個，不過，現在也許就很難說。青少年思想愈來愈開放，偷嘗禁果的年齡層不斷下降，偷嘗禁果的比例也逐年升高。我不是LKK，所以這是我可以想像的，但是更多的人想問，這個年紀為何常常把持不住，就像美儒老師提及的大水牛那段往事呢！其實，一切的原因都是性賀爾蒙。

性賀爾蒙對腦部的成熟，尤其是青春期，佔有非常重要的角色，可以說是在胚胎時期後，最重要的另一個階段。性賀爾蒙除了造成近似胚胎時期腦部的結構重整改變外，另外還有腦部活化區域的變化等，同時都在青春期進行。科學家們利用老鼠實驗，將不同性別的青春期老鼠分別施打不同種類的性賀爾蒙，發現的確造成腦部及行為的明顯影響。

早期認為性賀爾蒙主要是刺激青少年的第二性徵發育，現在科學家們也從腦部掃描發現，男孩跟女孩神經迴路的發展，在這一階段有明顯的不同：男孩多半是左右大腦各自增強內部區域的連結性，所以提升的是認知以及執行力；女孩則有所不同，增強的是兩側大腦半球之間的交流，因次更擅長於溝通以及直覺性。以前印象中有本書說，男人來自火星，而女人來自金星，似乎就是這種感覺。

當然，除了男女在腦部發育的傾向不同，有個部分男女都相同的，那就是前額葉的發育，**前額葉是我們的總司令部，負責彙整所有訊息並做決定**。後面的章節我們將提到礦工費尼斯的故事，就會明白前額葉是個「踩剎車」中心，專門幫我們過濾情感上衝動的決定。但是偏偏前額葉需要等到二十五歲才成熟，這樣一來，面對來自不同星球的異性，欲望之火往往可燎原，夢醒時分，才發現鑄成大錯啊！

美儒老師深情寄語：

根據不久前路透社的一項報導指出，英國少男少女約有百分之二十八在十四歲半就有了性經驗，美國則有百分之四十六在十六歲左右，早已從一壘奔回本壘。

青春兒女偷嚐禁果來趟破冰之旅，人生初體驗，全世界青春兒女，誰跑得最快？歐洲國家的孩子堪稱第一，美國少年則緊追在後。

從「杏陵基金會」針對青少年性調查報告指出，台灣地區青少年受訪者有百分之四十九在第一次性行為時，因為擔心對方以為自己是「老手」有預謀，因此大都故意沒有採取安全措施；初次性行為則從十年前的十八點五歲降到現在的十七歲不到。

在RU486事後避孕藥還未上市前，從內政部衛生署的統計資料來看，十五到十九歲未成年的少女，每年為台灣至少產下一萬六千名嬰兒。

年輕小媽媽生育小小娃兒，小爸爸沒有工作或專業能力，卻要養起小媽媽和小小娃兒；這樣小爸爸、小媽媽的天空，其實是教人十分憂心的。

想想嘛，本來原本應該是年少多麼歡樂的年齡，卻因為一時激情「性」起，意外懷孕而提早告別青春芳華，直接跳躍升級為爸爸媽媽；這不就好似大小孩匆促牽著小 baby 在高速道上疾行快走嗎？好危險。

十七、八歲少男少女身體生理也許已臻成熟，可是心裡心智往往還來不及配合；更何況這樣年紀的青春兒女心情最是容易起伏驟動，常常自己都控制不了情緒、脾氣，更遑論要這樣的大男孩、大女孩，溫和、有耐心的去安撫那隨時可能哇哇大哭的小寶寶？

在全球經濟低迷、失業率高漲的這個年代，十七、八歲又能有多大的工作本領，有什麼能力賺取生活費、奶粉錢？

到底是要再重返校園求學呢？還是先投入社會找「頭路」？當經濟壓力加上生活次序驟變，心情、脾氣更勢必大受影響，現實生活的窘境很快地就要無情的浮現。

台灣的「杏陵教育協會」、「婦產科學會」及「勵馨基金會」、「社區藥局發展協會」，四大團體，在不久前召開記者會，正式呼籲青少年要「愛愛」的話，女生應服避孕藥，男生要帶保險套，如此雙重防護才有「保險」。

有大學生求助「生命線」說：「明明戴了兩個保險套，為何對方還是懷孕？」婦產科醫師表示，不要以為一次戴兩個就會有雙重防護效果，如果方法不對的話，還是有可能懷孕；就像有人用潤滑油想來固定保險套，卻反而是弄巧成拙。

有部分婦產科醫生特別提醒女孩：女孩在「愛愛」嘿咻後，才服用事後避孕藥來「急救」。一份事後避孕藥的劑量相當於八顆傳統避孕藥；如果一個月服用兩次以上，恐將導致月經不規則，噁心、陰道不正常出血，甚至將來可能會有「不孕」的後遺症。

要年輕跳耀的心，對感情不存綺麗幻想，是不合人情也是無法以外力阻擾的事。

青少年男女就似枝上青杏，在酸澀又透著微甘的日子裡，有愛有夢更不能少了理性智慧來醞釀，方才有真正芳香甜美的未來。

DR翁小錦囊

三不：

1 不要排斥與孩子討論性事，如此只會讓孩子被迫尋求可能錯誤的訊息來源。

2 不要用一些錯誤觀念，包含性事是污穢的等說法來教育孩子。

3 不要忽略孩子細微的情欲表現，關心但不干擾是最高指導原則。

三要：

1 建立孩子健康正確的性教育，父母也須與時俱進增加新知。

2 無論男孩女孩，都要告知他們如何保護自己，別被情感沖昏頭。

3 如果真的產生「破冰」後的後遺症，還是盡快諮詢醫療人員為上策。

尋找初戀的情人

有一陣子，我一直很怕接到TVBS電視記者來電，就怕又有學生為學業壓力、為感情問題或家庭親子溝通不良而結束正當青春的生命；記者總是把我當成青少年心理專家的身分，窮追猛打地問要我發表感言。

通常我總是先提醒記者，如果是針對所有青少年談生命教育或和人生核心價值問題，那我就願意接受訪問。但是如果是針對個案或觸及個人隱私，無非是在當事人乃至家人的傷口上灑鹽巴，更可能造成二度傷害，我就不接受採訪。

一個禁果，到底有多重？

沒想到，也不曉得為什麼，在短短不到一年的時間，建中紅樓的少年卻接二連三的發生事故。尤其是那個已通過學測，已申請到台大名系的準大學生，為了女朋友懷孕苦惱，竟從自家高樓墜下身亡的悲劇，經過媒體的傳播更是鬧得全校沸沸揚揚，四千多師生人心惶惶。

「愛情真有那麼沉重嗎？」「面對男女情愛究竟是歡愉多？還是煩惱多？」「不小心把對方女生搞大了肚子，懂不懂得尋求外界的援助？敢不敢跟父母或師長透露？」「男女朋友的界定，究竟親密關係要到怎麼樣的地步？」「目前有心儀、喜歡的對象嗎？她真的是你所愛的天菜？為什麼？」「你會因為害怕寂寞、孤單，而只求湊成對，所以就隨便找個女生來交往？」「當然，也請你誠實的告訴我，你有沒有真正在交往的女孩？你有沒有真實冷靜的看待這段情誼？你相信這樣的感情可能天長地久嗎？」

在事件發生後的第一個班會課，我印製了以上的七個書面問卷，請這群高三，十七、八歲的大男孩提筆作答。

結果發現班上四十八人，表示有女朋友在交往的不及十人，其中近九成的，根本不認為目前這樣的情誼是可以長長久久；有趣的是，有同學竟然期待的是上了大學之後的情愛，而且充滿心機的希望將來在揮別「高中情」時，能與「大學愛」無縫接軌。

最讓我看得瞠目結舌的是，有不少學生竟然說：「肚子真不小心搞大了，就先驗 DNA 呀！」班上那左邊耳朵嵌了三個碎鑽的小帥哥阿翔，大剌剌的寫著：「正式交往的有三個，曖昧進行中的有兩個。」最後還附註一小行字：班上同學在愛的追逐過程中，如果遇見什麼困難，我願意傾囊相授戀愛「心經」妙方：保證歡樂相愛，要分手也不怨恨。

從這群基測大會考 PR99 才能進來此校的大男孩情愛答問卷來看，多多少少是可以深切的感受到：這一代青春兒女對感情、對身體自主、對所謂的愛恨情愁，跟美儒老師的那個動不動就會臉紅，當發現有男生在盯著自己時，就會一顆心撲通撲通疾跳、手足無措，連回眸偷望的勇氣都沒有的那個純真年代，早已迥然大大不同了。

Line 來 Line 去，全是虛擬夢幻

當電腦視訊迅速進入每個人的生活時，螢幕上的 e-mail 是最快速的流傳，只要輕輕撥打鍵盤或直接從網路複製、剪貼一些現成的美麗虛幻文字，立即就有一篇文

情並茂、感人肺腑的情書展現；這麼一來，又有誰會像從前的痴男怨女，提筆苦思、孜孜矻矻的寫信呢？尤其當 Facebook 社群活動成為最夯時尚風潮當際，多少男女沉迷的是電腦、手機上的影像。人人也就無心考慮，究竟是透過高明的化妝技巧或特殊的濾鏡角度、或奇妙高超的修圖技術，才變得個個都是俊帥酷哥花美男、每個都是水汪汪大眼、漂亮超靚美少女？

螢光幕上虛虛實實、真真假假，如夢似幻的真人假相；信不信、要不要，就任憑你隨心所欲囉！

對過去那樣蠢蠢的、純純的年代，我並沒有特別的留戀，也不至於到「貴古賤今」的地步，不過看見當今青春學子自述的感情觀，卻不禁讓我對昔日的青春情懷，升起一種不勝唏噓的感覺。

「老師，我老實告訴妳，從國中到現在，我曾經交了五個女朋友，卻只有四段戀情。因為其中一個竟然說，她對我只有小小的迷戀和喜歡，說只因為我是建中學生，說那根本無關乎情與愛。不過我可也不是省油的燈。每一次我跟女生交往時，我都會強調這是我的初戀，而我發現這一招還挺管用的，每個女生似乎都愛透了我這樣的初戀！」這是身高一八二公分，長著一張看來真摯誠懇臉的班長寫給我的文字。唉，原來這款貌似忠厚的少年，幾年來，一直以「初戀」一詞，框住了多少無辜單純少女心。

中年教授也在追尋「初戀情人」

「是愛情不夠深？還是沒緣分？難忘記初戀的情人！你我各分東西，這是誰的責任？我對你情難忘……」這是多年前，我大學時代十分流行的一首歌。至今仍記憶深刻的是，有一年的春日清早，教授我們《中國文學史》，終日一襲深藍長袍，風靡師大校園，有「才子教授」之稱的老師，在帶我們到陽明山「校外教學」的遊覽車上，在同學大夥兒的起鬨下，拿起麥克風唱出的竟是這樣的一首情歌。

山坡斜陽透過玻璃照射在中年教授略具風霜的臉上，不意瞥見他微瞇雙眼充滿著感情的吟唱模樣，此刻回想昔日光景，往事彷彿歷歷在眼前。記得同學們一聽見平日道貌岸然的老師歌唱，整個車廂立即驚爆一連串歡呼和掌聲；我卻是不經意的望見老師微微輕鎖的眉頭，而鏡片後眼角閃爍的淺淺水光，是老師隱藏不住的淚痕嗎？

而今推算，老師當時應該也已過不惑之年而仍未「知天命」，這個被人稱為師大文學院最年輕、最英俊瀟灑、滿腹才情的教授；這樣的一個中年男子，為什麼在唱起初戀曲時，竟是這般無法遏抑的流露了他內心深處的私情？我忍不住暗暗思量：在平日道貌岸然的言行外袍下，老師內在是不是一直祕密潛藏一段不欲人知的初戀情愛？銘心刻骨的戀情？

科學與感性

看著美儒老師描述的新世代青少年愛情觀，以及才子教授的初戀情歌，剎那間，我突然回想起那段在英國念書的時光。哈！各位看倌，不要誤會了，我可沒有所謂的「異國浪漫史」，今天跟大家說的是一位老太太在英國 Embankment 地鐵站的故事。講到這個倫敦地鐵，真是讓人回憶滿滿！倫敦地鐵又暱稱為「Tube」；曾記得倫敦同事告訴過我，如果大街上有人問地鐵站，說「Underground station」或是「Subway station」的，絕對是觀光客；換作是倫敦人要問路，鐵定說「Tube stop」，這樣才是標準用法。倫敦地鐵已超過百年歷史，當初挖的隧道是圓筒型，車道看起來就像個大管子，連車廂的跑動都像在移動中的管子，而這就是「Tube」暱稱的由來。

回過頭來，說說這位老太太的故事。老太太名為 Margaret McCollum，幾乎每天都步行去附近的 Embankment 地鐵站。登上月台後，她既不乘車，亦不是等人。每天，就在月台坐一會兒，靜靜地來，靜靜地坐，又靜靜地離去，沒人知道她所為何事？

二〇一二年，曾經播放四十年的錄音突然停播了，老太太傷心欲絕；這時，有個 Embankment 地鐵站員工向她詢問，怎麼會如此傷心呢？方才明瞭，其亡夫 Oswald Laurence 曾為月台廣播錄製「Mind the Gap」這短句。「Mind the Gap」，其實就是英文版的：「請注意月台縫隙」，每當有列車要駛離前，「Mind the Gap」就會繚繞在 Embankment 地鐵站中，聞聲如見人，而刻骨銘心的愛情，就重現於 Margaret 與 Oswald 之間；在那一瞬間，Oswald 彷彿又忽然出現在 Margaret 眼前。

倫敦地鐵公司後來決定，開始停用人聲錄音版的「Mind the Gap」；突然間，老太太好比再度失去她先生，真正的永別了，這豈不令人唏噓？好家在，當 Embankment 地鐵站的員工得知這個淒美的愛情故事後，二話不說，不但重新啟用了「Mind the Gap」人聲錄音，還將她亡夫的聲音錄置在一片CD片上，好讓她隨時有機會聽見「他」。這個令人感動的故事，後來 Kingston 隨身碟公司也以其為腳本，改編成了一個USB隨身碟的網路廣告。

耳聞這些浪漫的愛情故事後，總是讓人心有戚戚焉！**愛情是如此迷人，也難怪青春少男少女，無一不嚮往著美麗的愛情**。至於像這類的浪漫體驗，不知是否有科學證據呢？

科學家也是人啊！腦科學家們很早就著迷於研究愛情密碼。舉例來說，我們都知道「情人眼裡出西施」，就是如此奇妙，熱戀中的男男女女，眼裡的另一半幾乎總是完美，毫無缺點可言；當我們換個角度看看，也聽有人說「婚姻是愛情的墳墓」，那是因為成家後，這個奇妙的影像就快速被現實生活中的柴米油鹽醬醋茶所取代，浪漫一瞬間破滅了，彷彿從天堂落入人間，一切的完美都成泡影。身為腦科學家，更是想盡辦法要解答這些問題，看這個腦部的浪漫幻影，從何編織而來？

VTA可促成多巴胺產生

我們的腦科學家，搬出了功能性核磁共振這個腦影像的大工具，可以反映出當人們進行特殊活動或行為時，哪個腦區最為活躍？二〇〇五年Aron這位科學家，找了十七位熱戀中的志願者，簡單的讓他們看兩組圖片，一組是他們親密愛人的美照，另外一組則是他們熟人的相片，希望同時藉由功能性核磁共振掃描的結果，進一步理解腦部的哪個區域被活化。神奇的是，一個在中腦稱為VTA的結構，雀屏中選。VTA到底是什麼？VTA是Ventral tegmental area的縮寫，這個部位跟一些歡愉的情緒、注意力，以及人類的動機相關。VTA內部含有許多A10細胞，這類細胞主要分泌多巴胺，還記得我們曾提及多巴胺跟專注力以及行動相關，怎麼又扯上了愛情呢？這當然不是意外，多巴胺啟動後，的確會有行動力！讓我們認真思量，你難道不覺得陷入愛情後，好像每天都精神飽滿，歡欣地度過每一天，總是雄心壯志嗎？

功能性核磁共振除了幫我們釐清VTA可能是浪漫愛情的起始點，還可以運用來了解哪些神經迴路在愛情中有增強，藉此檢視浪漫愛情驅動的某些行為。除了行動力，回饋反應機制與情緒調控的神經迴路，在熱戀中的男男女女相對於現階段沒有談戀愛的族群，都大幅增強。情緒調控我們很能理解，陷入愛情迷惘的人們，往往不自覺地產生激動的情緒起伏，更有時可見某些人對著天空發呆、傻笑，要不就是鬱鬱寡歡，真是大洗心情三溫暖。

至於何謂回饋機制呢？回饋機制簡單來說，就是對某些事物有所期待，因此有人說回饋機制在賭徒的腦中被激化的最明顯，他們總是想藉著極端的冒險，博取更高的回饋；然而，愛情不也是如此？我們發現熱戀中的青春年少們，也經常有著幾近瘋狂的舉動，目的只是為博佳人一笑，如此看來，真是與賭徒無異，不是嗎？

還有個問題，愛情似乎會讓人上癮，是嗎？答對了，這點也有不少的科學家著墨。曾經有科學家們發表文章，說他們掃描腦部的活性變化區域，發現愛情的成癮，跟吸食古柯鹼沒有兩樣！驚人吧？這點我們從失戀來觀察，其實相當吻合。失戀的人，茶不思、飯不想，甚至有人覺得無法活下去；毒品的戒斷現象，也恰恰是如此。為何毒癮如此難戒？因為戒斷現象十分難熬，不但讓人失去了求生意志，往日時光中所享受的歡愉，也完全都消失了，彩色的人生彷彿換上了黑白的畫面。

唯一有個小小的不同，就是失戀者除非自我傷害，否則不會出現如戒除毒癮時，似癲癇發作等之類的強烈生理反應；這種愛情癮很深，但真的不是病，而只是我們的腦部突然間想不開了！

以上這些科學證據，有無讓你會心一笑呢？我們科學家還真是相當努力破解愛情密碼呢！

美儒老師深情寄語：

生於十九世紀（一八五四～一九〇〇），愛爾蘭著名的詩人、劇作家王爾德說：「浪漫是愛情裡最吸引人的元素，而所謂的浪漫就是情感的不確定感。」是呀，感情這件事，實在暗藏著太多的不確定；這樣讓人期待，卻又擔心被傷害；它直叫人死生相許，令人沉迷陶醉卻也容易讓人心碎。

當愛神邱比特的箭，不經意地射向心扉，當愛的感覺初次來到心田，對涉世未深，人生歷練仍潔如白絹的青春年男女而言，那又是如何的引人心動、驚慌、欣喜又狂熱。

十八歲那一年，我穿著「情人的黃襯衫」在景美溪畔的一所女中，正為大學聯考而苦惱而奮戰。日子裡，表面上似乎是被各種課本、各科測驗卷裝填的滿滿；可是內在包藏著的卻是一顆青春敏感、驛動的心，還有那隨時莫名起伏的情緒。多期待能和一個名校陌生男孩來場浪漫的「不期而遇」，也曾不只一次的幻想，幻想在公車站牌、在圖書館，我的真命天子，我的白馬王子，會突然的發現我這樣純真的女孩。

我曾親眼目睹班上那個臉上布滿雀斑、青春痘的同學，在校門不遠處和一個師大附中男孩，手挽著手，一臉甜蜜、得意洋洋地肩並肩走在一起。

不曉得是羨慕或嫉妒，我竟然只是傻傻地杵在一旁，莫名的心跳、雙頰發熱。心想：長得如此都可以有男生來追，為什麼我偏偏一個也沒有？

在那如春花正待開放的少女時光，傲慢和自卑不時地在心底糾纏，我深深感覺自己似乎總是在夢幻迷惘與理智之間擺盪。

在那屬於青春紅顏、神采飛揚的流金歲月裡，我有如牆角寂寞、孤獨的一朵小花，暗自芳香、暗自憐。我只有安慰自己，找不到、遇不著自己的「天菜」白馬王子，就乖乖寂寞沙洲冷吧。

渴望一段戀情，尋找一個初戀的情人；茫茫人海，人海茫茫；他，究竟在何方？

我想起蘇東坡的〈卜算子〉：「缺月掛疏桐，漏斷人初靜。誰見幽人獨往來，縹緲孤鴻影。驚起卻回頭，有恨無人省。揀盡寒枝不肯棲，寂寞沙洲冷。」

我不要「沒魚，蝦也好」的隨便找個男生來愛，如果白馬王子不來，就讓我「好花一朵開在牆角落」，就姑且孤芳自賞，寂寞沙洲冷吧。

DR翁小錦囊

三不：

1 不要在孩子接觸愛情時驚慌失措，這是正常的生理發展。

2 不要用老舊的愛情觀審視孩子，換作是你，也不希望被這樣對待。

3 不要對孩子的異性朋友品頭論足，記住，阻力往往成為助力。

三要：

1 教導孩子如何與異性相處，協助他們處理患得患失的情緒。

2 提醒孩子除了愛情外，更要盡好本分，生活本應如此。

3 告知孩子愛情可以有無限想像，但仍要注意人身安全。

第三篇

青少年的親情糾結

幸福三丁目，真的如此遙遠？

3-1 尋找「小王子」的真心

3-2 夢裡失落的海濤聲

3-3 大帥哥，堅持再熱的天裡也不洗澡

3-4 當自己的夢想，不能達成父母的期望⋯

尋找「小王子」的真心

我到許多中小學的父母成長班、親師家長會跟爸爸媽媽們談青少年的煩惱，為爸爸媽媽們探索青春兒女晦暗不明、若即若離的內心世界；我也應邀到許多中學的周會，與青春年少的學生談情感EQ，談如何學業情愛，魚與熊掌兼得，談如何與老是「講不通、聽不懂」的爸媽溝通。

孩子的嗆辣，令人心受傷

最常遇見中年媽媽語帶哽咽，眉頭糾結地問我：「老師呀，我們這樣疼他、愛他，為什麼孩子還是這麼不懂事？回家多問個一兩句，他馬上回聲就嗆：『煩啦！』砰，關起房門不理人。」

又有媽媽會這樣告訴我：「我的孩子小時候真的很乖，很聽話的，還會主動陪我上市場買菜，搶著幫我提菜呢！可是自從上了國中，不曉得為什麼一下子全走了樣。回到家，不是整晚盯著電腦打電動，就是連吃個晚飯，都在滑手機。好言相勸也沒用，有時候真的生氣了，多講個兩句，他就直接回：『無聊！』頭也不甩的跑回房間。」

通常來自爸爸的心情，總是比較「低調」。不過也曾經遇見一位爸爸在我演講結束時，突然出現在會場的走廊角落，神情看來透著落寞又似乎帶著羞澀地問我：「老師，我女兒現在國二，八年級，學業功課還算中等，只是交了一大堆愛玩的同學，一下子什麼沙灘烤肉，一下子又要跟學姐唱卡拉OK，有時說要到補習班上課的，我才發現她根本翹課。不瞞老師說，我是單親爸爸，現在孩子變成這樣，覺得自己好像已經管不住她了。」

總覺得爸爸媽媽難溝通

〈我愛青春好時光〉、〈爸爸媽媽請聽我說〉是我在校園學生周會巡迴演講中，最常演講的兩大主題。

「唉喲，受不了耶，口口聲聲說什麼都是為我好，卻是這也管，那也管的。補了英文、數學，不想補理化，他們就生氣罵人，說辛苦賺錢讓我補習，我卻不懂得珍惜。」

「動不動，一下子嫌我成績不夠好，一下子又批評我朋友太多，說我全交些狐群狗黨。」

「誇張耶，我只是隨便說說我們新來的體育老師帥爆了，我媽媽就一直追問：『結婚了沒有？』還說，『結過婚的，更要特別小心！』真是莫名其妙，什麼跟什麼嘛！」

「人家學校都不太管服裝儀容了，我家老媽還生活在古代，說我瀏海都快蓋到眼睛了，會看不到路；好笑噢，還擔心我走路會摔跤。」「我知道他們愛我、關心我，可是好像『住海邊』啦！」

昔日放蕩少年，今日古板老爸

與建中畢業二十年、三十年的學生開同學會相聚，談到當年「年少輕狂」的「豐功偉業」，就有現在身為一家教學醫院的外科主治兼副院長的他，這樣告訴我：「不瞞老師，前天晚上都快十二點了，還看到我那讀高二的兒子還在玩電腦遊戲，忍不住唸他個一、兩句，那混小子竟然嗆我：『想睡就自己快上床啦！』噢，我當場還真想一頭巴下去，唉，最後還忍住了。想想，這一頭巴下去，我們父子肯定又要一、兩個禮拜互不對話了。」

「老師，現在的小屁孩，都這麼公民自主不聽話嗎？」我的學生教學大醫院的副院長，最終這樣問我。

緊接著，一位在一家跨國電子科技公司擔任CEO執行長的阿傑，這樣回應：「現在回想當年十七、八歲的自己，也不曉得為什麼，對爸爸媽媽說的話，不管什麼事情，反正聽了就是不喜歡、不順耳。縱使明明知道他們是在關心我、為我好，可是聽了就只是反感加討厭！」

校內一位被學生推崇號稱「建中化學之神」的老師，昔日是我建中子弟，今日則已跟我同事多年。有一天放學時刻，我看他獨自坐在辦公桌前，氣嘟嘟板著一張鐵青的臉。

忍不住問他：「怎麼啦？都快六點了，還不回去？」

「老師，我被兒子氣得快爆炸了，不想回家又看到那個混帳小子！」

「啊，是兒子又惹你生氣？」

「老師，學測都剩不到三個月，他竟然跟我說他要休學，他不想唸了。」

「有問兒子為什麼嗎？」記得他兒子讀的是知名友校數理資優班，成績向來超猛的。

「報告老師，那混小子就愛跟我作對！明明可以上醫科的，他卻偏偏跟我拚，說除了醫師，他什麼都肯去讀。老師，他肯定就是衝著我來的呀！」說起正當青春的兒子，我眼前這「化學之神」幾乎快幻化為「祝融神」了。

也曾走過狂飆青春期

「人不輕狂，枉少年」，青春年少幾乎成了叛逆、搞怪的代名詞；難道這一切囂張行為，都因為體內荷爾蒙在騷動、動情激素找不到平衡點所造成？

回想我的少女時代青春期，似乎很難找到什麼特殊目標來抗爭？

在那保守、清純的年代，對我這向來遵守校規、不敢違背任何大人之言的「乖寶」，唯一作怪、用來對抗權威的就是：當學校規定裙子一定要長及膝蓋以下三公分時，背著教官，我就偷偷把裙子腰帶往上捲個好幾回，讓裙子拉短到膝蓋以上十公分；當學校規定：「頭髮一定要中分，左右髮長耳上三公分，同時只能夾左右三根黑髮夾」時，我故意背著教官悄悄拔下髮夾，放下瀏海。

然後在教官「草枯鷹眼疾」的情況下，好幾次被出沒無常的教官「逮」個正著，除了被訓罵：「愛漂亮喔，蓋頭蓋臉的，這樣會比較好看嗎？」還狠狠被記了幾個警告。

從天真無邪的童年走向青少年，其實也象徵著每個孩子愈長愈大想獨立自主，想擁有更多屬於自己的祕密，想從父母師長拿回「主控權」；而爸爸媽媽、師長卻在另一端，極力想控制、想引導、想指揮，甚至想用自己的成長模式來「保護」孩子。這一切也就形成了另一種人生「拔河」、親子「互鬥」的狀況；究竟是雙贏或兩敗俱傷，全決定在成人與孩子的溝通EQ上。

科學與感性

哎呀呀！美儒老師這些親身經歷的故事，讓我想起前年看過的一部電影：「墊底辣妹」。這部取材自真人真事改編的日本片，彷彿有股神奇魔力，讓人觀後仍回味不已。內容大致是一個來自名古屋地區的高中生辣妹，家人從小將她送去就讀一所俗稱「新娘學校」的女子私校。什麼是「新娘學校」啊？說起來好笑，就是進去後不怎麼需要念書，從國小可以一路念到高中，只須把自己裝扮地美美的，等著嫁人就OK。如果畢業後還想深造而不想立刻嫁人，沒問題，只要你成績尚可，爸媽願意出錢，也能保送到他們合作的國際大學就讀，不用聯考喔！因為無須擔心升學，自然就沒有所謂的課業壓力。這位辣妹根據她小時候的回憶，從小學四年級後就不曾認真碰過書，甭說東西南北傻傻分不清，對日本本國歷史更是全無印象，英數不僅完全沒基礎，幾乎可說是一張白紙！

辣妹本人就這樣渾渾噩噩到了高三，突然間家裡發生變故，同時又遇到了學校生活不順遂，讓她改變念頭，奮發向上報名補習班，目標希望考上——「慶應大學」！「慶應大學」可不是什麼野雞學校，名聲不但響亮，與「早稻田大學」更是並稱「慶早」，乃東京都區域兩大私立大學，光是諾貝爾文學獎，兩校校友就不計其數。一個學業僅有小四程度的高三生，如何在一年內成功大逆轉，跌破眾人眼鏡，考上慶應大學，無疑是本片最大賣點。

隨著電影劇情的鋪陳，觀眾的情緒也跟著上下起伏，持續牽動到最後一刻，辣妹本人終於完成夢想，可說是毫無冷場，也是近年春風化雨類勵志片代表作。我不禁回想，每隔數年，無論歐美抑或台灣，總有些校園勵志片，除了鞠躬盡瘁的好老師，你一定會發現，這群一開始頑劣不可雕的朽木，絕不是小學生，也不是大學生，而是血氣方剛的中學生們！

是的，不論是戲劇或是真實世界，中學生的故事永遠是改頭換面的好題材。又譬如潤泰建設老聞尹衍樑，現可說是兩岸紅頂商人，而媒體卻最愛傳述他與王金平前院長的一段情。每次提起王院長，他本人總是感恩。尹大老闆憶及他青春十五二十時，那個惹是生非的年代，幸賴有「王老師」拉他一把，多番包容，非但沒將他的所作所為一一記過懲處，甚至還經常關心他闖蕩江湖的大小傷勢，讓他後來願意奮發圖強，重新做人。好個「浪子回頭金不換」！真人真事，卻總發生在青澀的歲月。

古人稱這段時期是束髮（男）或及笄（女）之年，也許不若弱冠或是而立之年，如此地耳熟能詳，名稱內在卻頗有深義。束髮，也就有約束之意，即是脫離小童階段，步入開始學習承擔責任的時期，台語又稱「轉大人」，這絕對不只是單純的生理變化，心理與心智上也將一同面對。

很多人說三十而立，是人生的轉戾點，我不反對，但如要提及人生關鍵的時期，總覺得太晚，吳侯孫仲謀赤壁之戰力抗曹孟德，也不過年方廿五。科學家有一分證據，說一分話。依照近年來腦部科學的研究，我們將人類腦部的發育細細追蹤，科學家們赫然發現，**腦部的許多區塊，在青少年時期，已然發展至最高峰**，接下來的數年則是逐步走下坡。

大腦細胞的「去蕪存菁」

假若青少年的腦部已發展到巔峰，這又如何解釋青少年的脫序行為呢？不僅你我會覺得疑惑，連大文豪莎翁於名著《冬天的故事》中也曾寫下：「十至廿三歲間，並無真正的年齡區別，又或可說，我們的青春，似乎在其餘的日子中沉睡了。

在這段歲月裡，除了讓女僕懷孕、敗壞古風、偷竊或是打架，還有什麼值得做！」然而，科學證據顯示，於青少年期前半段，大腦內部的神經細胞在數量上已經大致建構完成，正等待下一步更重要的工作：**pruning**。何謂pruning？中文簡單翻譯成「修剪」，就像一棵大樹，枝葉如果過於茂密，園丁將其「修剪」的動作即是。「修剪」？如此一來，神經細胞的數量豈不減少，對於心智發展豈不更糟？

解釋這個神經細胞的「修剪」過程之前，我們來稍稍回顧人類胚胎時期在子宮內的發育，這恰巧是另一個人體細胞數量達到高峰的時期。事實上，在胚胎時期的發育，不但細胞數大幅增長，卻同時也有不少細胞凋亡，舉個最簡單的例子：手指頭。胚胎初期，人類的手指頭好似兩棲類的青蛙指節一般，是有蹼的，指頭間憑藉著蹼狀組織而連結在一起。爾後，為了讓手指頭們能單獨自由發揮功能，蹼狀組織部分的細胞便開始凋零，於是人類的手指頭才逐漸成形。

假若指頭間的細胞無法順利凋亡，新生兒出生後就會有指間相連的狀況，反而需藉由人工的手術予以矯正，這就是一個細胞數目減少後，卻能幫助人體發揮正常功能的典型例子。正如園丁修剪過的花園，反而更能凸顯樹木花草的美感，人體的神經系統亦需經歷此一過程。然而此一過程，正恰恰出現在我們的青少年時期！

這段青少年時期，與其說是神經修剪，不如說是大腦的重整階段。除了修剪外，科學家們也發現，腦部各區塊的相互連結，在這個時期也慢慢地開始重新建立並增強。一方面是破壞性的修剪，一方面則是功能性的強化連結，此二種現象合併起來，頗有一番結構重整的意味。相較之下，青春期之前的孩提時期，與青春期相比，於神經系統成長方面，似乎只是不斷地蓄積資源與能量。

多數人都聽過，孩子的大腦似海綿一般，不斷吸收膨脹而成長；沒錯，幼兒期的腦部，不僅內在的細胞架構持續增長，外在的資訊亦不間斷地存入且增加。直至青春期，腦部才開始階段性重整，讓資源獲得有效運用，而這一切皆是為了步入成年期，更有效率地發揮腦部功能之必要過程。

所有的施工，不乏不便之處，誠如當初台北市興建捷運，進入所謂的交通黑暗期，通車前民眾莫不怨聲載道，通車後卻大幅紓解交通亂象。與之相較，**荒誕的青春期不但不足為奇，還是個去蕪存菁的過程**呢！

美儒老師深情寄語：

聖艾修伯里（Antoine de Saint-Exupéry）的《小王子》（*The Little Prince*）裡說：「唯有用心才能辨識事物的價值，光憑肉眼是看不到事物的精髓。」

同樣地，唯有用心與真情，才能破解青春兒女內在的自我衝突，才能助益父母師長放下威權的假面具而與青春期的孩子「心心相印」，一起再成長。

DR翁小錦囊：

三不：

1 年少輕狂容易意氣用事，如果我們與孩子們以情緒相互對抗，結局不會更好！

2 千萬不要開口閉口提當年，真正的「好漢」家長應該活在當下。

3 你常說「為何一定要這樣做」等句子嗎？如果是這樣，神仙也難救！

三要：

1 代溝是因為我們對孩子的事務缺乏關注，有機會更應多多了解他們的世界！

2 忘記自己在青少年時期的叛逆了嗎？同理心永遠是我們接近孩子的一扇門。

3 用心傾聽孩子的言語，做個專業的聆聽者，你會發現孩子近在咫尺。

夢裡失落的海濤聲

記得小時候，當我哭鬧不休，不開心的時候，父親會一邊挽著母親的手，一邊用他厚重的大手牽著我，走到離家不遠的海灘，聽浪花拍打岸邊的聲音。父親總是說，大海可以幫我們把傷悲帶走，把快樂找回來。說也奇怪，當時還不太懂事的我，竟然也慢慢、逐漸地學起父親把眼睛閉起來，細細聽這一波又一波，令人沉靜心靈的聲音。

記憶裡，幼年時刻，全家常到海邊聽浪濤的聲音。父親告訴我和媽媽，說大海可以幫我們把悲傷帶走，把快樂找回來。現在已遠離童年的我，卻只有悲傷，沒有快樂……。

爸爸說，為了給我比較好的教育環境，要上國中的那年暑假，全家搬來這人人腳步匆促、各個神情緊張的大都會台北。然後爸爸媽媽真的找到工作了，然後我發現，爸爸媽媽工作的時間變長、變多了，我們全家相聚的時間卻愈來愈少。接著，他們用吵架取代說話；到最後，他們決定離婚。搬家、監護權的爭奪戰接踵而來。有一天，母親高興地說她「搶」到了我。

我卻愈來愈想逃離這個都市的紛亂，擺脫這個只有母親的家，我想奔往小時候全家人一起看海的地方，再聽那大海拍打堤岸的聲音。常常在夢裡，我彷彿又聽見童年裡的浪濤聲……

高三第二次定期考，國文科百分之二十的短文寫作正好由我命題，我的引導文是：「聲音是無所不在的。在你的心裡或腦海裡，什麼聲音讓你魂縈夢牽，久久不忘。是老家的聲音，是歷史的聲音，還是詩的聲音……請以「○○的聲音或○的聲音」為題，加以發揮臨摹。

各自發揮，各種動人的聲音

有同學寫樹的聲音、秋天的聲音，懂得「逢迎」閱卷國文老師的，則寫「孔子的聲音」、「論語的聲音」，其中最多人寫媽媽的聲音。小宏寫的這篇「大海的聲音」，則緊緊吸引我的呼吸與視線，那出自赤子真情呼喚的文字，字字句句敲入我的心扉深處，讓我在批閱之際差點淚崩。

我給予的評語是：「從童年的大海之聲到都會的冷漠競爭，一個少年面對家庭的分崩離析與大海濤聲的期盼，令人讀之為之動容。」滿分是二十分，我批A，換算是十八分。

不知是否因為科技太進步，造成人們對感情態度有了重大轉變，家庭的核心價值屢屢遭遇挑戰，婚外不倫戀情在社會裡頻傳，或把結婚視為兒戲、將離婚看為稀鬆平常，以至於單親家庭有如雨後春筍冒出，形成新的社會趨勢。

假面夫妻為難了兒子

其實跟小宏同班的小軒，不久前也剛加入單親家庭的行列。

外表彬彬有禮、一派斯文的小軒，在距離大學學測不到一百天的重要時刻，我發現這個第一次模考國文得十五滿級分，總級數達七十三級分的少年，突然完全消失在教室課堂。

雖然我不是少年的導師，可是私下還是問了跟他比較有私交的同學：「小軒生病了嗎？還是家裡有什麼事？」竟然沒有一個同學可以給我明確的答案。再追問小軒的導師，他則告訴我：「大概生病了，他媽媽一直有來學校幫他辦請假手續。」

就在小軒消失將近三個星期的一個清早，我終於看到他瘦長的身影。

我忍不住趨前握住少年的手，把他拉到教室外的角落，輕輕問：「怎麼啦？這麼久不來上課，要記得趕快遞假條銷假呀！不然被記曠課就麻煩了。」凝視少年略顯清瘦的雙頰，總覺得這段日子，少年一定是遭遇了什麼重大、不開心的事。

「這些日子我實在煩死了。我爸媽天天吵呀吵的，雖然還不到互打的地步，不過家裡的東西倒摔壞不少，我老媽還把爸爸的西裝全剪破！前天他們辦離婚了，現在我跟媽媽住一起，爸爸搬出去，我們就暫住在原來的房子。爸爸提著皮箱出門時說：『這是學校公家的房子，就住到我退休吧。退休後，學校就收回去。』」少年用十分平靜的語氣告訴我。

假面夫妻，痛苦少年

我記得少年的爸爸在一所國立大學任教，還是經常上電視的政論名嘴，少年的媽媽在「家長日」會談時見過。記憶中，在外商公司擔任高階主管的媽媽十分漂亮，打扮入時。我想問，是因為「小三」介入嗎？可是不敢開口。

少年似乎猜到我的心思疑問，反而大方地說：「那個小三阿姨實在太過分了，她還特地用爸爸的的電腦，寄了跟爸爸的親密照給媽媽，說妳老公在我這裡，一些有的沒的……結果把我媽氣死了！天天找爸爸吵架，一直吵到簽離婚協議書都還在吵。」少年說罷，停頓了一下，竟又淡淡補了一句：「我覺得媽媽其實還是愛爸爸的，所以不管怎麼吵，她都不願讓事情曝光，我想她是擔心八卦新聞上報的話，爸爸肯定會行情大跌。」一個十七歲少年，是爸爸媽媽唯一孩子的角度，來觀察、分析成年人的情感，還真是「針針見血」呀。

只是親愛的爸爸媽媽呀，當你們糾結於成年人紛紛擾擾的情愛中時，是否聽到孩子內心脆弱傷感、無奈的聲音呢？

兩岸開放，夫妻分隔兩地

以我近四十年來一直在建中校園與這群十七、八歲青少年相處的親身觀察，班上來自單親家庭的孩子，真的愈來愈多；近十年來，以一班四十九人計，來自單親的孩子早已突破十分之一。尤其在兩岸開放後，許多爸爸為了家庭經濟成為奔波兩岸的台商，夫妻長久分開兩地生活，探視兒女有時似乎演變成「蘸醬油」的型式，蜻蜓點水一般；接下來延伸的家庭問題，往往也就超乎想像。

我一直習慣在高二分組之後，接新的三類組班級，一確定班別和學生名單，就會先找輔導室拿學生的A、B檔。所謂的A、B檔是非常個人隱私的資料。內容包括父母姓名、年齡、職業、學歷，是合住、分居或離婚；還有許多跟學生個人有關的性向測驗結果：如暴力傾向指數、憂鬱程度、學業各科成績，較具理工醫興趣或是文史為強項……。這一類鉅細靡遺的身家調查，全出自學生高一報到入學時親自填寫，其中一些性向測驗，也是由專業輔導老師設計，在高一階段完成。

急於看到學生的A、B檔，並不是想知道班上有哪些達官要人子弟，而是想快快了解每個孩子的家庭背景、成長脈絡，希望在迎接學生的第一時間，就能明白每個孩子的不同秉性、人格特質，或他目前遭遇的困境。

通常我會特別留意單親家庭的孩子，因為我認為單親家庭的孩子更需要愛與關懷。到底是父兼母職或母兼父職、面對子女的教養、單親經濟的收入和心理方面的調適，是單親家庭的三大問題。對身心正處在「狂飆期」的青少年，又該如何與這三大問題和平共生呢？

科學與感性

不知道各位家長是否聽過「創傷後症候群」，根據維基百科上面的解釋，這是指人在經歷過性侵害、戰爭、交通事故等創傷事件後所產生的精神疾病。其症狀包括會出現不愉快的想法、感受或夢，接觸相關事物時會有精神或身體上的不適和緊張，會試圖避免接觸、甚至是摧毀相關的事物，認知與感受的突然改變、以及應激狀態頻發等。簡單來說，就是由於痛苦的經驗或記憶，所形成的精神狀態異常。

為何突然提及「創傷後症候群」？我想，大多數父母不太清楚，配偶的離異並非單純影響雙方之間的關係，更是造成家庭的撕裂。事實上，家中幼兒所經歷的痛苦，並不亞於父母雙方；幼兒年紀愈小，受到的創傷愈大，這就是為何，對照起文軒的同學小裕，似乎受的傷更深，每每想起海邊的浪濤，那堆疊的文字，總是令人痛徹心扉。

減少創傷後症候群對兒童的影響

根據美國兒科醫學會的歸納，**「創傷後症候群」對於兒童腦部的影響甚鉅**。首先，幼兒受到痛苦的經驗影響，一方面直接影響腦部結構的發育與功能，一方面也造成了所謂的「表觀遺傳學」影響。何謂「表觀遺傳學」？傳統上，根據孟德爾頌的遺傳學，基因位於染色體上，只要符合孟德爾頌的顯隱性規則，就能最終表現在蛋白的轉譯上，影響生理機能。然而，近期的分子生物學研究，發現許多的基因表現並不完全遵守孟德爾頌的遺傳學規則，科學家們赫然發現除了顯隱性規則外，好像還另有一些開關。這些開關有很多種類，例如某些基因就擁有DNA甲基化的特殊開關，如果在其上的DNA甲基化特殊開關沒有准許這些特殊基因被表現，無論是否符合孟德爾頌的遺傳學規則，最終的蛋白產物將不會呈現在細胞中，也就是失去其影響力。

這樣的特殊開關，似乎能與外界會溝通般，容易受到外在接觸的各種物質，或是內在的賀爾蒙與激素等影響，從而造成這類特殊開關被啟動或關閉。說到這邊，就不得不讚嘆大自然的奧妙設計，這種感覺彷彿是「命」中註定的基因，也會受到不同「運」的干擾；如果「運」好，剛好關閉較差的基因或是啟動需要的基因，那就彷彿「命」被挽救，反之亦然！這個就是所謂的「表觀遺傳學」主要的影響。

回到我們剛剛提及痛苦的經驗，除了直接影響腦部結構的發育與功能，也形成「表觀遺傳學」影響；換句話說，這些情緒或是內在的賀爾蒙、激素等不協調，將會干擾原先的基因表現狀態，伴隨著痛苦情緒所影響的大腦發育，將大幅度造成兒童行為上的變化，包含學習的障礙、社交適應性的變化、甚至干擾兒童生理健康平衡。接下來，這些行為上的變化，又如同惡性循環一般，再度回到源頭，加重兒童痛苦的經驗記憶，就像一個永遠逃不出去的漩渦，不斷地向你伸出魔爪，逐漸將你吞噬！

因此，美國兒科醫學會認定，不可小覷「創傷後症候群」的影響。臨床上將其分為三個等級：當痛苦的經驗為時尚短的時候，歸類為「初級」，這時只要將「干擾物」（也就是痛苦的經驗）移除，加上適當的家庭情緒支持，對未來腦部發展的影響，並不明顯。例如我們孩提時期，總是會有些痛苦的記憶，只要快速移除，我們對它的感受會隨著時間而逐漸淡忘，現在回想起來，可能就不若當時般痛徹心扉。

但是，如果這類的「干擾物」無法迅速移除，就會進入下一階段，提升到所謂的

「中級」影響。「中級」影響時期，有兩個特別的關鍵要件，決定是否會進一步造成「嚴重級」影響。第一，還是回歸「移除」的速度，雖然比「初級」的迅速移除較慢，只要能不拖延，仍不易發展成「嚴重級」影響；第二則是先前所提之適當的家庭情緒支持、穩定的支持，也能預防「嚴重級」影響的發生。這兩項要素，是避免發生憾事的「守門員」，因為一旦進入「嚴重級」影響，就對大腦發育產生「毒性」，而且永遠無法回到最初的狀態，積重難返。

美國醫學會預防兒童「創傷後症候群」的規範中，特別提及，離婚及父母離異，是兒童「創傷後症候群」最為常見的成因。根據一項二〇一一年美國國內的統計數據，美國的離婚率為百分之四點九五，換句話說，平均每二十對佳偶，就有一對成為怨偶。如果以中、小學班級人數的基礎來說，幾乎班班皆有兒童的家庭破碎。那台灣呢？台灣的離婚率約莫是百分之二點五五，相較於美國，大約一半左右，這樣的數據不意外，由於受到傳統文化的束縛，台灣人離婚率會略低於歐美，但並不代表家庭和睦。我們必須銘記在心，離婚與父母離異，皆會造成兒童的影響。即使台灣實際離婚率較低，家庭中若是父母產生實質的離異，時間一旦拉長，單親環境下又容易缺乏適當的家庭情緒支持，發展成「嚴重級」的「創傷後症候群」，仍是可預期的，而不僅僅發生於父母實際離婚的家庭中。

每次想到離婚，我腦中就浮現「史密斯夫婦」；誰呢？就是銀幕佳偶變怨偶的布萊德．彼特與安潔莉娜．裘莉。他們是因為《史密斯夫婦》這部電影結緣，日後就漸漸走在一起，甚至後來還舉辦了世紀婚禮！老實說，我一度以為他們就是現實中的王子與公主，日後過著幸福快樂的生活。不過，就在二〇一六年，他們正式宣布要分手，讓許多影迷們不勝唏噓。不同於其他的影迷總是關注布裘二人是否還會有新歡？是否會與其他銀幕巨星擦出火花？我倒是不禁在意起他們的寶貝兒女們。是的，他們有三位親生子女，外加三位養兒女，都由安潔莉娜．裘莉一人撫養。雖然我完全不憂慮安潔莉娜．裘莉所能提供的物質條件與資源，對一個世界巨星，錢當然不是問題；問題卻是，失去父愛的這些寶貝們，真能快樂成長嗎？所幸，即使無法破鏡重圓，布裘二人為了子女仍於後續破冰，讓孩子們能接受到父母雙邊的愛。這是很明智的決定，大人的世界無論產生何種決定，切記，**干擾孩子的部分絕對要降低，降得愈低，日後造成的影響才會愈小**，不是嗎？

美儒老師深情寄語：

從社會學的角度來看，最能直接回應人類天性的團體就是家庭；然而隨著社會急速多元演進的結果，所謂的「家」也正以不同於往昔的面貌出現。

可以想見，在個人意識高漲的潮流下，家庭型態也不斷在「進化」，生活在單親家庭的青少年，必然會愈來愈多。

親愛的孩子，面對父母鬧離婚，驚恐、慌亂、傷心在所難免，但最重要的是，絕對不可以把父母分手的原因怪罪在自己身上。我知道，你愛爸爸、也愛媽媽，但是成年人的感情世界與愛恨情仇，有時候真的不是身為兒女的就能扭轉或改變的。面對突然而來的家變，你只能繼續扮演兒女的角色，勇敢面對現實，努力平靜心情，請繼續愛爸爸，也愛媽媽。

我曾在*Time*雜誌讀到一篇對希臘船王歐納西斯獨生女的專訪（她當時名列全球十大最有錢的女人之一）。她說：「我八歲生日那天，爸爸派遣專機從巴黎載來，特地為我個人訂製的芭比娃娃當生日禮物。可是我一點也不開心。我只是想跟爸爸媽媽一起吃生日蛋糕、吹蠟燭，可是他們不是在世界各地忙碌，要不，就是一見面就互相吼罵。」專訪到最後，記者寫著：剎那間，看見這位年輕、漂亮的世紀女富豪，竟然雙手掩面哭了起來。

是呀，不管有錢或沒錢，每個孩子唯一的小小心願：就是能有爸爸媽媽在身邊，他們彼此相愛、和諧相處。

DR翁小錦囊：

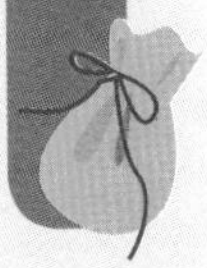

三不：

1 家族間的不和睦，絕對不適合在孩子們面前上演。

2 父母雙方的衝突，回歸繫鈴人，請勿讓孩子選邊站。

3 當你將風暴帶回避風港，一切將面臨巨變，切記！

三要：

1 身教重於言教，如不要孩子有樣學樣，就請妥善經營家中的氣氛。

2 身為父母可以細心思考，因一時貪欲而鑄成大錯，是否真值得？

3 如果離異無法避免，請認真與孩子溝通，並讓雙方有機會陪伴孩子度過童年。

大帥哥，堅持再熱的天裡也不洗澡

「……嘿嘿嘿，昨天下午的物理課還真虧得有劉杰的『氣功』，只要他把身體抖一抖，氣味向四方飄散。哈，原本上得差點昏昏欲睡的，一下子全清醒起來！……」在衛生股長小「學霸」的生活周記裡，我看到他調皮的文字。

劉杰是在高二升高三的暑假，從理工二類組轉入我們三類主戰醫學系的新同學。在家長資料欄裡，我發現他是家中唯一的孩子，父親在一所國民小學任教，母親則是一家頗負盛名的律師事務所的負責人。

在劉杰轉入班上的第二天，我特地跑去拜望他先前的高二導師，想多了解這個大男孩過去的情況，有沒有特別的習性或比較迫切需要我個別輔導的地方。

任教英文的女導師，聽我一提到劉杰，竟然衝口就說：「Freak!」接下來才告訴我：「他呀，真是大怪咖！轉到你的班？」

「唉，不過我想你一定制得了他的。只是你還是要小心點，她媽媽是律師，有一次她就揚言要提告我們班的數學老師，說數學老師對她兒子說話口氣有問題，大大傷害了她兒子的自尊心，以至精神耗損……。」英文老師滔滔的述說，讓我感覺，我好似接到了一顆超級「燙手山芋」，而在她激動地言詞裡，卻也看見她幾乎掩藏不住的嘴角笑意；看來她是挺高興，這樣滾燙的「大山芋」終於離開她的班級。

他帥到爆，也臭到爆

有關於劉杰身上散發的濃郁「厚重」的氣味，其實在他入班的第一天，我跟他單獨說話的時候就深深感受到了；那並不屬於所謂的個人體質「狐狸味」，而是一種很特別、很混濁，好似長久日積月累匯集各家汗酸提煉出的「臭酸味」。

在同齡青春少年裡；劉杰長得其實是充滿亮點的小帥哥：身高直逼一百八十公分，玉樹臨風般的模樣，配上濃眉深邃大眼、高挺卻不尖銳的鼻梁和一張厚實的嘴；同學都說他是「布萊德．彼特和金城武」的合體。班上有人跟他高一同班，就曾經偷偷的對我透露，說劉杰有好幾次逛西門町、北車新光站前，都遇過自稱是

「星探」的經紀人，跑來找他搭訕說要帶他進演藝圈、拍偶像劇。

如果沒有靠近他而聞到他濃烈的「臭酸味」，劉杰的外表確實是十分光鮮亮麗，一點兒也不輸給韓劇的花美男「小鮮肉」，除了長得超帥不說，他穿著學校制服更顯一身英氣逼人。縱使是平凡的卡其短袖襯衫，從肩線、領子都可以看到他那制服是有人特意為他漿過、熨斗燙過的痕跡；更別提那卡其長褲燙得畢挺的模樣，我想不用人真實穿著，它也極可能直挺挺立在地上。

很顯然的，劉杰身上的味道是長久不洗澡累積釀造成的。

想想看，十七、八歲的大男孩，打籃球一直是他們喜愛的首選；跑跳疾走則是他們日常的「慣性定律」，每天活動量那麼大，又怎麼可能不大量排汗？

每天大量排汗，卻又偏偏不肯洗澡、洗頭，尤其是在八、九月的大熱天裡，不出三日，肯定比超濃郁起司的味道來得更強烈；更何況他所屯積的「能量」顯然絕對不止三、兩天而已。實在想不透，這樣一個看似來自正常家庭、不錯家世背景的少年，為什麼要把自己弄得如此怪異難聞呢？

面對劉杰的氣味，足足隱忍了大半個月。在一個放學午後，我找了男孩來到辦公室一個人煙稀少的角落，故意迂迴的問他：「在老師的班裡還習慣嗎？有沒有特別談得來的同學？各科老師的教法還可以適應嗎？」

少年大概早已猜到我找他的本意，所以特意表現得冷冷淡淡，揚了揚眉回我：「還好，OK啦！」

我接著放低聲調，小心翼翼的說：「老師可不可以問你一個比較私密的問題，那就是，請問你多久洗一次澡？」

聽到洗澡二字，少年深邃漂亮的雙眼突然間圓睜了起來，「怎樣？中華民國憲法有規定每個國民每天一定要洗澡嗎？」噢，真不愧是律師媽媽的兒子，只不過提了下「洗澡」，竟然馬上就把憲法抬出來了。

「老師沒有惡意。我只是想，天氣這麼熱，你們每天下課都在打球，回家洗洗澡也比較清爽舒適，不是嗎？」

少年看我身為導師的如此「低聲下氣」，方才稍稍卸下「心防」，緩和語調又略帶玩笑的回我：「唉唷，老師你不知道嗎？我天生體質特殊，一洗澡就會傷元氣，元氣一受傷，就沒辦法專心唸書。」是啊好好辯，好好跟我「掰」呀；為你洗澡一事，看你要跟我拗多久？算了，暫時放過你，為了不影響你讀書的情緒，我就暫時不管你洗不洗澡了。

渾身香氣的媽媽V.S.臭爆了的兒子

沒想到，才剛擱下小帥哥不洗澡的case；第二天，更大條的事就爆發了。

咯咯咯，好響亮的三吋高跟鞋一路敲擊著長廊的地磚，從樓梯轉角由遠而近而來；中午十二點三十分，是學生午休打掃的時間，有學生在走廊拖地，也有學生在教室內掃地、整理垃圾及廚餘。

一位塗著鮮紅口紅，全身香奈兒款式打扮，卻提著男用巨型公事包的婦人，一邊看著班級門牌一邊急急走來。

「喔，這就是三年二十九班？你，你就是陳老師嗎？」

婦人才靠近，哇，濃濃香水香、脂粉味襲面撲鼻而來；難怪我剛才就聽到前面班級，有學生在走廊一面拖地卻調皮的一面大聲打噴嚏。

「陳老師，我是劉杰的媽媽。」隨手遞給我一張名片，上面大大的印著律師事務所的名號。天啊，這是什麼世界？有那麼「臭」的兒子，卻偏偏來個這麼香氣撲鼻的媽媽。我趕忙悄悄地用眼尾掃描了一下教室內的情況，果然看見劉杰的身影早就一溜煙的「閃」了；唉，親愛的律師媽媽難道你不知道十七、八歲的兒子正是

「愛面族」的少年嗎？你這樣大喇喇的跑來學校，還跑到孩子的教室前，來找導師，對兒子而言是超級「丟人」的。

「我呀，忙得要命。不過為了這個孩子，還是放下手邊所有的事情跑來。你是他的導師，你一定知道他現在的成績真是有夠爛的。都高三了，還跟我考這種差勁、見不得人的分數，我不計較也就夠好了。喔，他近來竟然連洗澡都省了。想想這什麼天氣，他卻可以十天、一個禮拜的不洗澡。如果我硬是強迫一定要他洗，他竟然要求我，一次給他五百塊錢才肯洗！」婦人拉著我就站在教室外走廊，像湍流大河嘩啦啦的大聲說著，無視於來來往往的其他學生是否會聽到什麼；說到激動處，兩邊耳朵上的大耳環跟著金光閃閃大搖晃。

「陳老師，你是他的導師，我想他會比較肯聽你說的話。今天我來找你，就是想你幫我叫他洗澡……。」

「劉杰媽媽，你想想，兒子都這麼大了，卻突然變得不肯洗澡，會不會是孩子心裡有事，他就用這種方式表達？」聽到婦人幾近咆哮似的訴說，不曉得為什麼，我突然同情起生活在這種「高壓」氣勢媽媽管教下的少年。

「你，你說什麼？你是認為我們親子溝通有問題嗎？告訴你，孩子是我生的，我當然了解他。」可能是我的回答，不小心戳中了婦人的「痛」，香氣四溢的時尚漂亮媽媽，一下子突然變臉生氣了。

科學與感性

浴血大作戰？絕地大反攻？不知道這些名詞您聽起來熟悉嗎？

對青少年來說，這些名詞就是「日常生活」的一部分，一點也不奇怪！青少年是我們最崇尚冒險的一段時光，想當然爾，這又跟抑制衝動的前額葉成熟度有其相關性。除此之外，青少年的大腦特別喜愛高度冒險後得來的回饋，以及眾人欣羨的目光。愈是特立獨行，愈能招來這些目光，這算是正向回饋，不斷循環下去，激迸出更大的火花；沒錯，就是火花這種稍縱即逝卻炫麗的光景，最能讓青少年們流連忘返。

所以，當您看到青少年極為「特殊」的行為時，不要忘記，肯定跟上述的狀況息息相關。

我們回頭想想劉杰那前半段的故事：從小在媽媽高壓氣勢夾縫下的劉杰，進入狂暴青少年，腦中想的不再是當個乖寶寶，而是如何贏回人生主導權；這時候，吸引眾人目光，特立獨行的方式，或許就是來場帶著「體味」的革命，如此一來，他可算真正站上了舞台。

當您正期待美儒老師，在故事的後半段，如何將劉杰這孩子導回正軌的時候，我們不妨先來看看，專家們怎麼研究青少年的冒險行為。二〇一五年美國的一批心理學家，有鑑於美國青少年的駕車事故頻繁，找來了六十六位已經考上駕照的青少年，邀請他們參加一個汽車模擬器的實驗。所有的青少年，會經歷兩種駕車模式，一種是自己開車，一種是載著「幫兇」一起開車。

載著同伴出門狂歡時，最容易出事

「幫兇」是什麼人？哈，這個試驗有意思就在這裡。「幫兇」也是青少年，他們與參加試驗的青少年駕駛並不熟識。對照著這六十六位青少年，「幫兇」隨機搭配坐上他們的車。「幫兇」有個有趣的養成過程，就是他們先前已經先接受了相同汽車模擬器的訓練，不過，搭上車的時候他們只負責當乘客。「幫兇」訓練共分成兩批，有一批「幫兇」訓練時被嚴格要求要繫上安全帶，遵守規則；另一批「幫兇」則在訓練過程中讓他們隨心所欲，就算沒繫上安全帶，也不要緊。

於是，我們會有三種不同的試驗結果，其一是所有六十六位青少年都會完成的獨自駕車模擬；其二是一半的青少年會載到嚴格訓練的「幫兇」；其三則是另一半的青少年會載到鬆散訓練的「幫兇」。用這三組的資料，交叉比較青少年駕駛的嚴謹度。至於如何評判駕駛的嚴謹度呢？這個試驗使用青少年駕駛闖紅燈的次數，來進一步了解危險駕駛是否與車上的「幫兇」乘客相關。

果不其然，當青少年獨自駕駛汽車模擬器的時候，普遍都相當守法，闖紅燈通常都是無意的。載上嚴格訓練的「幫兇」，雖然雙方並不熟識，但是青少年駕駛似乎明顯地受到他人目光影響，闖紅燈的次數開始上升。接下來的結果就更驚人了，那些鬆散訓練的「幫兇」，不但會讓這群青少年駕駛開始有感，似乎還提出了不少餿主意，讓青少年闖紅燈的次數攀向另一個高峰，遙遙領先！所以，血淚經驗亦告訴我們，**最容易出事的狀況，就是當青少年載著同儕出門狂歡的時刻**。

面對這些喜歡特立獨行，又愛吸引他人目光的青少年，不禁讓許多家長問：我們能做什麼呢？

我知道大家會有這些疑惑，不妨讓我們先看看另外一個研究。

親子關係與青少年的叛逆行為有關

二〇一五年另一群腦科學專家，利用功能性核磁共振的腦影像，追蹤了二十三位青少年腦部，在前後一年半的試驗過程中，這些青少年於起始與結束時會被要求偵測腦影像，對照這十八個月來腦部發展的概況。這群青少年被歸類成兩大組，其中一組屬於親子關係密切及良好，另外一組則是親子關係較為疏離。偵測這些腦影像時，因科學家們主要想理解青少年冒險行為的傾向，所以他們會同時玩一個有趣的電腦遊戲：「氣球爆炸」遊戲。

「氣球爆炸」遊戲玩法相當簡易，有種類似賭博的感覺：你不知道氣球充氣到何時會爆炸，但是，如果氣球維持愈大且不破，你的積分就愈高；按照最後的積分，科學家們會換算給這些青少年獎金，所以，你只要決定何時不再充氣，就可以計算積分，最重要的要點便是，你愈肯冒險，回饋可能愈大，但也可能一無所得。

當進行這個電腦遊戲時，腦部掃描也同步偵測一個稱之為腹側紋狀體的區域（ventral

straitum），這個區域的活化與否，正好與冒險行為帶來的回饋正相關，將是了解青少年冒險思想源頭的重大線索。

不知道聰明的家長們，您猜到了沒？結果正如科學家們所料，當**正向的親子關係愈明確的家庭，他們家中的青少年成員，冒險的念頭是愈不明顯的**；換句話說，這個稱之為家庭的正能量，只要能夠不斷努力，包含與孩子正向的溝通與協調，孩子想要特立獨行或是冒險引人注目的想法，就有可能會減少。不僅僅是這類冒險行為的減少，另外也有科學研究指出，青少年期的瘋狂舉動，也可能與成年時的反社會情節相互連結；因此，青少年們的腦部穩定成長，不單是家中大事，更是「國之大事」。

所以，親愛的家長們，不要以為面對叛逆的青少年們，您能做的很少，事實上，做再少總比不做好！這些年來，當我看到一些社會新聞的青少年憾事，沉痛心情的當事者父母們，往往第一句話就讓我錯愕：「他很乖啊！平常都待在家中，怎麼會跑出去做這件事？」如果您還是停留在孩子只要不鬧事就無須管理，而忽略了與他們最真摯的溝通，忘記了家庭最重要的功能是支持。只要這樣的心態一日不改變，我們只能祈禱往後的台灣社會，能不再出現這類憾事，不是嗎？

接下來，就請各位看倌繼續看下去，劉杰「體味」革命故事的後半段……

美儒老師深情寄語：

劉杰是我多年前的一個偶像級帥哥學生，他的不洗澡造成周遭同學的困擾，在當年其實是名聞全年級一千多學生的；甚至連附近的女子高中名校，對他的帥跟臭都時有所聞。曾有同學告訴我，說劉杰在公車站牌就曾遇見那種大膽主動示好的國中女生，捧了數學課本說要請教「學長」問題；沒想到，話才出口，一靠近，就被劉杰的「氣息」逼到有如大蝦倒彈般的，返身就跑。

我認為母子、師生溝通，最重要的就是要「交心」取得信任，才有可能知道彼此內心真正的想法或怨懟。

劉杰的律師媽媽來校之後，事隔多日，我一直故意不找他來說話，我要少年認為我對他母親的來訪根本好似從沒發生過，希望這一切能減輕少年在同儕間的「丟臉感」。

隔了快兩個星期，一個放學午後，我特地邀少年在學校附近的一家咖啡廳喝下午茶。少年終於告訴我，這一切作為全是為了跟他母親「示威」，表達的「抗爭」戲碼。

他說，母親是家裡唯一的司令「指揮官」，對他那在國小教書的爸爸總是高分貝的頤指氣使；爸爸在家要洗衣、洗碗、打掃兼煮飯、煮菜，還要天天被嫌棄，說是賺錢少少的「沒路用」男人。

他說，他最討厭母親每每拿自己當炫耀的物品，總是喜歡到處對人說：「兒子啊，唸建中。他從小就什麼都像我，如果像他爸爸的話，那就慘囉！」

少年還得意洋洋的自爆說，他有一套完整的近程、中程、遠程計劃，準備用來讓他母親在親人、鄰居、律師界「丟臉」。

遠中近，進階式三段報復計畫

近程計劃：故意不洗澡，讓身上的味道「臭」到他們居住的敦化南路的豪宅，人人都知道那個臭氣沖天的建中生，就是某某大律師的兒子。少年說得開心，還跟我透露：「老師你知道嗎？我常常搭一人專用電梯喔。因為只要我跟別人一起等電梯，我一進去，大家就全退出！」可以想像，那些人一定怕透了少年身上濃郁的臭酸氣味。

中程計劃：不想再當媽媽的乖寶了。最好不及格科目再多一點，看我老媽還能跟別人吹噓到什麼地步？

遠程計劃：最好，大學聯考落榜，讓她生氣、丟大臉！我就到南陽街補習，再拿身上制服去繡個「重考生」三個字，保證把她氣到不行。

原來，故意不洗澡，讓自己臭味四射，故意讓自己頂著一個臭臭頭，再配上一對油滋滋、髒兮兮的耳朵；說穿了，也就是兒子看不慣父親在家中的不公平待遇，自動主張力挺「弱勢」老爸的具體另類表象。

至於少年的完美「近中遠程」計劃，簡直是拿自己的前程未來在開玩笑，雖然十分具體且富創意，卻是荒唐又具毀滅性；我決定認真且持續不斷地為少年做正面分析，期盼說服他改變這一切作為。

「在老師跟媽媽的接觸中，我必須坦白的告訴你，我認為媽媽真的很愛你，他非常在乎你。至於她對爸爸的態度或家事分配，那是他們成人世界的遊戲規則，是非對錯也不是我們身為兒女的可以去單一論斷。」少年邊喝著咖啡，張大著雙眼、豎高耳朵聽著，我感覺少年的眼神此刻似乎已柔和了許多。

「老師看你先前的功課，其實很不錯，我認為要上醫科一定沒問題。而我最擔心的是，你這一身味道，假以時日，絕對會造成人際關係的困擾；故意讓自己落榜再重考，更是划不來。能考上自己的理想科系就快快去唸呀，何苦弄得自己在原地打轉，浪費青春。」不管男孩一時聽不聽得進去，我仍不放棄殷殷叮嚀。

慶幸的是，少年最終把我的話收進了心底；隔天脫胎換骨似的，少年身上的「臭酸味」不見了。

大學聯考放榜，少年考到南部的一所醫學系，捎來信件說：「……第一次離家這麼遠，覺得好輕鬆、好開心。我終於脫離了大律師兒子的壓力。……」

帥哥少年以洗澡當抗爭手段的事，終於有了圓滿的 ending；而我想這一切都在提醒家有青少年的爸爸媽媽們：當你在責怪孩子的「怪異」行為時，是否也能花點心思真誠反省自己的言行，在孩子的眼中是不是有了什麼偏差？是否合乎人情事理？

DR翁小錦囊

三不：

1人不輕狂枉少年，誰人在年少不冒險？切莫用指責代替溝通。

2親子雙方的衝突，在青春期時最容易頻繁出現，請勿用賭氣做為控制手段。

3不要期待每次的溝通一定有結果，後退不代表失敗，而是為了下次前進做準備。

三要：

1任何與青少年的溝通，三大要件無非：耐心、耐心與耐心。（很重要，講三次）

2試圖換個角度想想青少年的決定，將心比心，才能觸動溝通的琴弦。

3永遠別忘記青少年是「愛面族」，溝通請搭配天時地利與人和，小心服用。

當自己的夢想，不能達成父母的期望

「蓼蓼者莪，匪莪伊蒿。哀哀父母，生我劬勞。蓼蓼者莪，匪莪伊蔚。哀哀父母，生我勞瘁……。」課堂上，我帶著這群十七、八歲的大男孩吟誦《詩經．小雅》的〈蓼莪〉。這是二千多年前，一位孝子感念父母的養育恩德，遺憾長大後卻未能終養父母；幼小時是父母辛苦殷勤栽培的鮮嫩莪菜，沒想到成長之後竟成為粗劣的蒿菜。

「瓶之罄矣，維罍之恥。鮮民之生，不如死之久矣。無父何怙，無母何恃……。」我瞥見坐在右邊窗口的欽龍抖著手，把課本攤平在書桌上，而他整個臉就埋在課本上；我看不到他的臉部表情，卻看到他雙肩顫抖抽搐得厲害；隱隱約約地還聽到了低沉極盡壓抑的哽咽聲，許多同學幾乎因他突來的舉止而放下課本，好奇且直直的望過去。

我擔心這時刻如果全班嘎然停止吟誦，肯定會驚動他，且造成他更大的尷尬；所以當場做了手勢，要同學繼續全文吟誦完畢才宣佈稍事休息。

濃眉大眼圓圓臉的欽龍，不只學業成績傑出，他的好脾氣和熱心班務更贏得好人緣、超高人氣，所以他被同學票選為本班優良學生代表，也是班上最任勞任怨的廚餘回收、資源分類的「環保小天使」。

下課鐘響，好多同學急急的圍向他的座位；欽龍似乎已警覺層層靠攏來的關心，趕忙抬起臉、堆出笑容，縱使眼眶仍殘留淚痕，卻忙不迭地說：「沒事沒事啦！早上喝的冰奶茶有問題，想反芻啦！」他說得若無其事，同學們個個心思細膩也故意不加追問，只恭賀他：「七十五滿級分，別忘了請吃 Pizza。」

二〇一八年的大學學測，十三萬四千多名考生，七十五滿級分的二百五十九人，建中獨佔鰲頭囊括滿級二十七人，欽龍是班上三個七十五滿級分的人之一。

父母的期盼，也是一種「情感」勒索？

「誰說讀哲學的將來注定找不到工作？我媽媽三不五時的，每每還故意告訴我說暑假到動物園打工扮老虎的遇見假獅子，結果互相打招呼，才知道全是哲學系的來打工。是啦，我爸爸，爺爺奶奶外公外婆伯父叔叔舅舅，連伯公、舅公都是醫生，我是爺爺奶奶唯一的寶貝孫子，所以一定也要非當醫生不可。爺爺奶奶還說伯父、叔叔生的都是女兒，女孩子就不勉強，可是我一定就要繼承我們中部家鄉那個大醫院。」不等我找大男孩來談「心事」，他卻主動跑來找放學後獨留辦公室批閱作文的我。

「為什麼說念哲學的就將來一定沒飯吃？其實，爸爸還好啦，並沒有強勢逼我非當醫生不可。可是媽媽說，她為了栽培我念醫科，會計系畢業的她特地辭掉會計事務所的工作，專心在家帶我。媽媽還一再強調，不管是爸爸這邊家族或媽媽那邊，全是行醫救人。如果我不當醫生，好像就對不起祖宗三代。偏偏我愛哲學的奧妙，也喜歡新詩創作，老師你是知道的……。」欽龍說得好急切，嘩啦啦有如驟雨疾下，根本讓我毫無插話「介入」的機會。

來自醫生世家，卻嚮往哲學殿堂

欽龍的確出生醫學世家，他的父親目前就是北部一所大型教學醫院的分院院長，爺爺更是大名鼎鼎的心臟科專家也是某大學醫學院院長，舅舅大概就坐鎮他們中部的家族大醫院。

每學期的學校家長日，欽龍的父母總是衣著鮮亮的連袂出席，而且一定等到所有家長幾乎都離開了，他們夫妻再殷殷行禮，要我多多關注他們這寶貝獨生子。

「老師，一切拜託喔。欽龍雖然成績一向不錯，可是回到家卻悶得很，有時候多問一、兩句，他就乾脆把自己鎖在房裡，不曉得在做什麼？老師，我們看呀，他只聽你的話，請多多照顧。」他們夫妻對我的叮嚀，其實跟其他孩子的父母也差不多；似乎男孩到了十七、八歲，許多父母早就說不動、管不住了。

看著欽龍一雙對我充滿信任的眼神，我實在很難開口告訴她，媽媽早在幾小時前就撥來手機：「老師，欽龍七十五滿級分，台大、陽明醫一定沒問題，請你一定要盯他做好備審資料，老師你經驗那麼豐富又帶出那麼多醫生，老師你一定要幫他訓練口試，肯定成功的。」

「老師，如果我把台大哲學系當第一志願，不曉得爸爸媽媽會怎樣？唉，我還真怕媽媽的淚水攻勢。她一天到晚說，她只有我這個兒子，如果我怎樣的話，她就不想活了。那，那我要怎麼辦？」欽龍原本光采發亮的雙頰，此刻似乎一下子全黯淡下來；難怪上《詩經．蓼莪篇》時，欽龍會突然哭成那個樣子。我明白這個聰敏的大男孩，在面對自己的夢想跟父母的期望有了重大落差時，他既掙扎、自責又矛盾且遲疑；他好想奔向哲學奧妙的殿堂，卻又擔心違反父母的期望，是否就成了不孝的孩子？有如詩經裡，爸爸媽媽全心照顧、疼愛的春天甜美莪菜，到了秋天卻長成粗劣難以入口的醜蒿？

二十多年前，有個男孩違反母親的「旨意」

在建中紅樓任教近四十年，遇到最讓我感到棘手軟弱的，往往是孩子決定的理想科系卻不是父母的期望；好幾次遇見來自「世襲」醫生家族的少年，偏偏熱愛文學歷史，最後在面對科系抉擇時，只能一臉不開心地說：「算了，爸媽把我養大，我還是依照他們的希望去唸就是了。」

二十多年前，也曾有個大男孩違背了母親的「旨意」；來自單親家庭的他，母親年紀輕輕就守寡，全心全意、努力把男孩帶大，希望他將來成為一個好醫生救治肝癌的人；因為在男孩六歲時，在鐵工廠做工的父親就因為肝硬化而過世。

偏偏男孩熱愛的卻是純研究的理論物理。

當年大學聯招是先填志願再報考。沒想到，就在提交志願表的前一天深夜，我接到男孩顫抖哭泣的電話：「老師，我媽媽現在人在急診室……。」

事隔多年的今天，仍依稀記得當我急奔到醫院時，看到男孩蹲在急診室門口，抱頭低聲啜泣孤單無助的模樣；撫抱男孩的雙肩：「媽媽現在怎麼啦？」

身高一百八十公分的大男孩緩緩站起，終於哇地放聲大哭，斷斷續續的說：「媽媽一直要我當醫生的，我卻偷偷把物理系填第一，她，她看到了就吞了好多安眠藥……。老師，我真不孝，我對不起媽媽，我會改的，我馬上改！」

只因為不同方向的抉擇，當母親的期望與兒子的夢想不「麻吉」，母子親恩差一點就此遺憾終身；還好的是，男孩的母親很快的被救活回來。

二十多年後的今天，男孩已是一家公立醫院的神經外科主任。

科學與感性

讓我們來談談「情緒勒索」，蘇珊・佛沃（Susan Forward）在二〇〇四年開始使用這個詞，形容我們為了維繫重要人際關係，被迫去做一些自己不想做的事情。

記得去年有關「情緒勒索」的書，盤踞各大通路暢銷排行榜，排名久久不曾滑落過。

有沒有想過，為何在台灣賣得這麼好？

作者真的寫得這麼好？還是真的寫到我們心坎裡？

當我還在醫院的「白色巨塔」工作時，各位看倌可以想像一下，我們醫師的世界其實跟軍隊沒兩樣，相當「階級制」，大你一年就是學長，學長的命令就是「天」，該做什麼就得做。（其實現在醫院生態與以前已大不相同。）

任何人工作上總有情緒，但這不是藉口，如果你還想在這個體系生存，所有同事都會跟你說：醫界很小（雖然後來我發現並不那麼小），因為自己的不開心，而得罪師長沒好處……。

被他人情緒勒索，有以下幾個要件：

一、自信心不足：我那麼菜，以後不論升遷或是考專科，都還要他們幫忙，而且現在我什麼都不懂，還是忍忍吧……。

二、引發罪惡感：主任還有家庭要顧，老師們年紀又大，你那麼年輕、「身強體健」（事實上已有三高），這點忙都不願意幫？有「同理心」嗎？

三、剝奪安全感：萬一極度不配合長官，丟了工作，還有機會到醫學中心上班嗎？省省吧你，有這份工作你才能付房貸呢！

這些就是蘇珊理論提出的「Fear, Obligation, Guilt」，剛好英文縮寫是FOG，有「霧霾」的意思，想想也挺正確，我們就這樣陷入五里霧中，而無法自拔！

傳統的華人世界，多數仍承襲儒家禮教的強大影響力。我不是反對富而好禮的社會，而是外在禮教與我們內心世界，事實上仍應達成平衡，無奈多數人的概念是禮教至上，可以「吞噬」小我，這點我就不是很認同。

接觸西方文化，了解人本思維

但是，以前的我，跟職場上的諸位也沒兩樣，我甚至很自豪，長官交代的任務無論多艱難、無論我個人情緒多麼糟，一定「使命必達」，完美的結束任務。然而，我也付出了些許代價，曾有兩次疑似憂鬱的現象，每次皆長達兩、三個月，完全無法提起勁做事。雖然外人幾乎沒看出，我卻很明白，身體對我的「抗議」；即便如此，當下的我仍「阿Q」的認為，這是我該克服的「逆境」。

事情的轉變，出現在我負笈旅外念書之後：不同的「文化衝擊」。

我還記得某天，我的指導教授衝過來劈頭一句：「What's wrong with you?」我還真嚇了一跳；原來他想問我，為何經常週末來做實驗，而且博班第一年幾乎都沒休假，有任何原因嗎？

於是我跟他說，還好，就是想多做一點（心想老闆一定會滿意這答案）。

老師說：「你該休息了，去放個假，這週可以不用進來。」我內心有點埋怨，難道資料不夠好，他不滿意？

說老實話，那時候的我還是很「尊師重道」，也沒問原因就暫停一週。但是，隔了一週頗無奈的「禁足」，依然忍不住想知道發生了什麼事……。

於是我跑進他的辦公室，老師看見我，便問：「玩得開心嗎？去了哪裡？」

我說：「哪兒都沒去，宅在家裡看電視，希望早點回實驗室。」

老師回我：「怎麼不好好把握呢？好吧，那就……『歡迎上工！』」

我問他：「是不是有任何問題你沒跟我提？為何……為何……。」

老師又說：「沒問題啊，一切都很好，記得下週三我們還要到所上報告你的進度，你準備了嗎？」

老師似乎沒「察覺」我的問題，還是他不想跟我說，顧左右而言他？不行，我還是鼓起勇氣吧！我告訴他：「資料沒問題，嗯，我……只是……只是……只是……覺得上週你趕我去休假，很rude，我……有點不知道原因，你……你……能跟我……說嗎？」

算了，豁出去了，該說還是要說，雖然我那時真的很怕他會生氣。

老師恍然大悟：「喔！那件事，原來如此……」

後來，老師跟我解釋，他希望實驗室的人都能正常休假，縱使我覺得不需要。因為之前有個研究生，雖然非常認真，後來卻突然得了憂鬱症，讓他意識到，人人皆需要良好的休息。

他觀察我，甚至比那個學生還「認真」，每天都工作到晚餐後，假日也經常出現，於是他有些擔心。他明白，亞洲學生往往認定自己可以幾乎不休息，不過，萬一研究生因為身體或心理發生問題，身為指導教授的他，也不見得會有任何好處；更何況，如果因此而必須重新找新學生延續這個研究課題，更是得不償失！所以，他寧願「逼」我去休假，雖有點突兀，比起來這樣還是成本最低的。

當下我才明白，原來「裝認真」不符合他的大戰略；事實上，他也鼓勵我，任何事不要悶著頭做，該問就問，他既是「老闆」也是「朋友」。西方文化因為習慣人本思想，雖不似東方世界那麼「如膠似漆」，卻也因此而尊重個人意願、情緒或意見表達。這一點，還真是我當初所「始料未及」的。

二〇一五年當我剛回國時，很多人分不清我到底有哪裡變了，常常都說：「你變了，但具體描述我說不上來。」

我都回答：「我開始不當『爛好人』了，是這個嗎？因為我知道自己要的是什麼。」

「劃清界線」是面對這類「情緒勒索」的要點。劃清人與人的界線，每個人首要處理自己的情緒而非他人的；劃清道德與現實的界線，如果執意對任何事負責，非但不因此而有良心，事實上往往搞砸一堆事；**劃清真心與虛偽的界線，真心對人就要適時讓親友明白極限，否則就是「真」虛偽**，不是嗎？

美儒老師深情寄語：

在古希臘神話裡有個名叫做普羅克瑞提斯的大壞蛋，他擁有一張鐵床，聲稱適合所有高矮胖瘦的人來躺；事實上，他遇到身材矮小的人，就用鐵鍊把人的手腳拉長；見到過於高壯的，則殘忍地把人的手腳裁截成適合鐵床的大小尺寸。

跟布羅克瑞堤斯那張殘酷的鐵床相比，許多爸媽在孩子身上追求的心願，對兒女投射的絕大期望，是否也是另一種形式的「鐵床」？

當代心理學家薛恩認為每個人的生命歷程，主要由情感（婚姻、家庭）、個人身心的成長與工作，這三種旋律交互影響；其間經歷的歡喜錯愕、抑揚頓挫、低迴沉思，才能交織出多姿多彩的生命全貌。

透過以下這「生涯金字塔」圖表，可以更明確的幫助我們遇見百分百的未來。

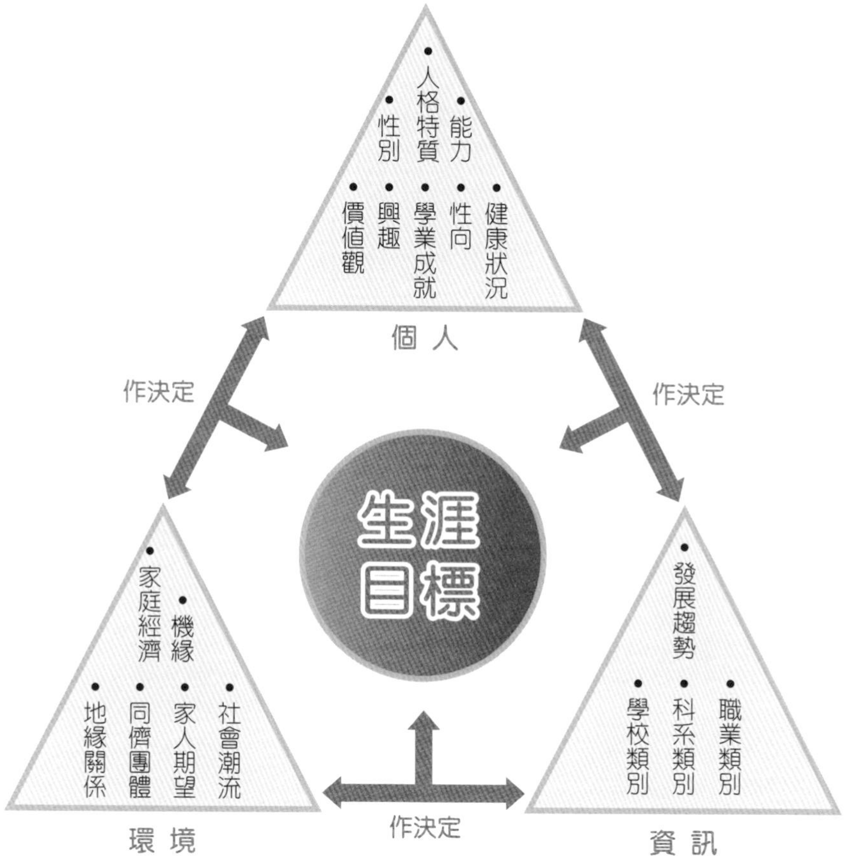
人格特質
性別
能力
價值觀
興趣
學業成就
性向
健康狀況
個 人
作決定
作決定
生涯目標
家庭經濟
機緣
地緣關係
同儕團體
家人期望
社會潮流
環 境
作決定
發展趨勢
學校類別
科系類別
職業類別
資 訊

DR翁小錦囊

三不：

1 為何家長常成為「情緒勒索」的勒索者？因為我們常忘了，孩子不是「你的」一部分，他們也是獨立的人。

2 覺得自己年長就能了解世界脈動趨勢嗎？我想，連教授這門科目的老師都不敢如何斬釘截鐵，您說是嗎？

3 切記，「威脅式」的管理模式，也許能在短期內見效；但所造成的心靈上的長久創傷，可能就不是您所希冀的。

三要：

1 教導孩子適度表達自己的情緒，當然並非無理取鬧，卻也不是任何時候都該「沉默是金」。

2 表達情緒的前提是「理解」自己的情緒，並懂得如何與情緒「相處」，下一步，你自然能明白如何表達。

3 能夠為自己的情緒「做主」，反而更加有同理心協助他人，這是否讓您很驚訝呢？

第四篇

青少年的「轉大人」

花甲男孩，何時準備轉大人？

4-1 少年白襪事件

4-2 都是網路惹的禍

4-3 老師我不想上大學 ...

4-4 六指神少年

少年白襪事件

有關於「少年白襪事件」，就發生在我那群十七、八歲，正值青春年少的學生身上。

話說，有個總是身穿運動式夾克外套，外表看來斯文和善，年約二十多歲的「大哥哥」。往往在下午四、五點鐘學校放學時刻，出現在校門口對面的植物園或校園圍牆外椰林樹下的南海路上，或學校側門泉州街上「建中老麵店」附近。

「同學，這位同學請你幫幫忙！」大哥哥神情慌張，幾近哀求的說：「我陪我母親到植物園散步，結果她剛才不小心跌倒摔傷了，現在急需止血。拜託你的襪子可以先借我去急救好嗎？」

見義勇為、日行一善，幾乎是每個熱情少年的直接反應；果真有不少學生就當場停下腳步，鬆綁鞋帶，脫下襪子給「大哥哥」；更有憨直的少年，邊脫襪子邊靦腆的跟大哥哥說：「不好意思，穿了一整天，臭臭耶。」

只見「大哥哥」感激萬分直直點頭感謝道：「沒關係，沒關係。」還不忘追問同學：「可以給我，你的手機號碼嗎？改天把襪子洗乾淨好還你。」

一心只想助人，一雙襪子算得了什麼？不用還啦！所以絕大部分的學生，通常是不會把手機號碼給「大哥哥」的。

也有同學在重慶南路郵局陸橋上遇見「大哥哥」，重點的白襪子「梗」不變，只是換了另一套說詞：「同學，這位建中同學，我朋友在前面路口被摩托車撞了，需要急救止血。求求你，可

以好心借個襪子當綁帶嗎？」大哥哥說罷，仍不忘追加一句：「對了，請留個電話，改天洗好務必奉還。」

惻隱之心，人皆有之，尤其心思單純的少年郎，想幫助別人脫離困境的心更是立即湧現；二話不說，脫下球鞋脫掉襪子就急忙遞給對方；至於電話呀，「哎呀！免了啦，一雙襪子嘛，不用麻煩了。」

惻隱之心，人皆有之

《孟子．公孫丑（上）》談到：「惻隱之心，仁之端也；羞惡之心，義之端也；辭讓之心，禮之端也；是非之心，智之端也。人有四端也，猶其有四體也。」課後休息時間與同學繼續討論孟子的仁義禮智四端，如同身上有手足四肢一般；結果向來思維敏銳，活潑好問的阿哲突然問我：「老師，有時候太惻隱，是不是也會被人利用、變成另一種笨蛋？」

「你的意思是，君子往往會因為同情、同理而被表面合乎情理的事情，蒙蔽真相，甚至成為被騙、被欺負的傻瓜嗎？」

「是啊，老師，我在高一的時候，就曾經被人利用所謂的惻隱之心而耍過，後來發現在別班的國中同班同學也有過相同遭遇，也被人借白襪子。」

「白襪子？是腳上穿的白襪子？為什麼？」

「老師一定要知道嗎？」阿哲面帶尷尬又似乎有些難為情的，幾度欲言又止，最終還是娓娓的道述了高一遭遇的「白襪」事件；原來，他就是在植物園門口被緊急求助借走白襪的少年。

說完這些「故事」，阿哲故作瀟灑的聳了聳肩：「也許，高一剛進建中，看起來傻傻的比較好騙吧？」

「事情發生後，你回家有跟爸爸媽媽提起？或者和學校老師談？有向死黨、好友透露過嗎？」

「拜託喔！事後想想都覺得自己是個大傻瓜，丟臉死了，又怎麼會跟老師或爸爸媽媽、同學說？」阿哲的回答倒是理直氣壯的；少年怕丟臉、愛面子的心情，其實是可以理解的。

想想看，行為如此「詭異」甚至幾近「變態」的大哥哥，究竟又有多少孩子遇過他？

是單純只愛討個白襪子？或是偏好蒐集少年氣味的「戀物癖」？我認為，後續藉口為了還襪子要求得到手機電話號碼的動機，才隱藏著另一個重大危機吧？

十七、八歲的高中生大男孩，表面也許已長得「人高馬大」，其心智年齡也真的如表相的「強壯成熟」嗎？當遇見突發事件，當碰到從來沒有經驗的事情，第一時間、危機處理的能力又究竟在哪裡？

特地利用班會課導師時間，我跟這群十七、八歲正值青春紅顏的少年說起「白襪子事件」，同時低聲詢問：「可以讓我知道有誰也遇見過？喔喔，不要看別人。曾經遇過的稍稍舉起半隻手就好。」

一位大哥哥偏愛少年的白襪子

沒想到，全班四十七人，竟然有八人在高一的時候都被借過「白襪子」；高達六分之一的比例，也就是每六個少年中就有一個被搭訕「試探」過。

讓我更訝異的是，舉半隻手，表示曾被要求「借襪子」的同學，有不少竟是左右比鄰而坐，或座位不過前後而已，而他們竟然都沒有互通聲息交換「情資」；以至於有同學在舉手放下的剎那，才彼此相視對望，驚呼：「靠，怎麼你也碰過喔！」

不跟父母家人提，不跟師長說，也不跟同學說；原因很簡單：每個被探問過的少年，事後想想就會覺得這「大哥哥」實在是不對勁、怪咖一枚，如果因為這樣的被「借問」，就四處張揚述說的話，就擔心被人笑「小題大作」；至於憑藉助人的熱情，具童子軍精神「日行一善」美意而脫下襪子親手交給「大哥哥」的，事後回想起來，肯定覺得丟臉，更遑論與任何人提及這樣的「糗事」。

本以為這位詭異「大哥哥」只是在建中校園附近出沒而已，沒想到他竟然也在「北車」南陽街補習班周圍逡巡尋找「獵物」。

我問同學：「有沒有人願意把親身遭遇說出來與大家分享，好讓別的同學可以得到警戒而有第一時間的危機處理。」

長得一臉帥氣，身高逼近一百九十公分的水中蛟龍學校泳隊代表的阿宏「勇敢」地舉起手，站起來跟大家說了：「那天到陳×補數學到九點多，我騎著腳踏車要回家，結果有個人騎著摩托車靠近叫我：『同學，同學！』看他神色慌張拿下安全帽，說話甚至有些結結巴巴地對我：『這位同學請你救救我朋友，他在前面巷子口被車撞了，急須要繃帶止血。拜託你，你的襪子可以先借我急救嗎？還有，請你留個電話給我，改天好把襪子洗好還你』。」在同學眾目聚焦中，向來開朗愛笑的阿宏卻顯得有些靦腆。

好哇，可以救人一命，送上襪子一雙又有什麼關係？於是阿宏當場到路旁停下腳踏車，然後脫下鞋子、脫了襪子，還雙手遞上；只是在拿襪子的當刻，才發現襪子大拇指的地方破了一個洞；單純善良的阿宏，趕忙表示歉意的問「大哥哥」：「對不起，我襪子有破洞，這樣會不會包不住血？」

同學們聽到這裡，突然一片沉寂，不到三十秒，有人終於忍不住的噗哧噗哧爆笑開來。

「笑呀，笑屁呀。」阿宏聽到同學的一片亂笑聲，顯然有些「惱羞成怒」；接下，趕忙為自己扳回一城：「唉唷，其實我當下也馬上覺得怪怪的，不對勁。所以他跟我要電話，我也不給，看他要再靠近我，我就趕緊騎上腳踏車踩起風火輪，鑽進黑暗小巷左彎右拐地逃之夭夭。」

拿了錢，迅速飛奔的老人

很多人看到穿著「建國中學」制服，往往就以為個個都是「天縱英才」聰慧會讀書，善於考試拿高分的孩子。殊不知，他們與一般同齡的少年聰明才智其實差不多，尤其是一顆純真熱血心是沒有兩樣的。

記得不久前的週五班會時間，那天我特地訂了一個「我的行善經驗」為主題，希望同學主動自由發揮。

有同學說，每學期他都跟「老吾老、幼吾幼」社團到偏遠鄉鎮部落，三天兩夜的陪原住民孩子教電腦操作和數學習作；也有同學是每周到「老人院」表演拉小提琴，幫忙推輪椅、餵老人家吃飯；也有同學提及，從國中一年級起，他就認養了兩個非洲奈及利亞的孤兒。……說呀說的，我發現班長阿暉一直沒有發言，於是直接點名請他說說心得經驗。沒想到，他緩緩遲疑的起身，第一句話竟是：「請各位同學聽了別笑我喔！我知道自己太傻，太笨了。」

只見班長深深的吸一口氣，才緩緩說起他的「善行經驗」。

「週五那天放學我突然想一個人到西門町逛逛。結果一出捷運站口，就看到一位穿藍白拖，身材瘦弱，走路搖搖擺擺，衣服有些髒髒舊舊年約六、七十歲的老先生走過來對我說：『少年吔，讀建中的，阿伯已經餓了一整天沒吃飯。你可以不可以給我五十塊錢買便當？』」

我們心地純良富同情心的班長，摸了摸夾克口袋，沒有五十塊，卻有一張五百元紙鈔。阿伯看了班長手中的五百元，竟然急忙說：「五百塊也好，我找錢給你。」班長還愣在那裡思量，阿伯竟已伸手把五百元拿走，且一轉身，突然身手矯捷的大步飛也似的跑了。

班長說到這裡，雙頰已隱隱的泛紅：「老師，這就是我最近的行善經驗。」話未完，全班四十多位同學早已忍不住哄堂爆笑。

您說，這是不是「好心被雷親」？君子被「欺之以方」，少年單純的心真的被踐踏了。

科學與感性

看著美儒老師所教的這一群有著惻隱之心的小學弟們，很多人不禁想問，這些不都是建國中學的高材生嗎？怎麼會不知道這是一個陷阱呢？難道這就是所謂的少不更事，連這些人間險惡，都無法分辨嗎？其實換作是我，正當我是高中生的年代，如果遇到這一號人物，我還真不知道是否會將我的襪子脫下來交給他！孟子說的好，「惻隱之心，人皆有之」。有一點我們必須明白的，就是所謂的人類的同理心，這個同理心，不單單讓我們樂於助人，更讓我們在看戲的時候，可以忽而痛哭流涕，忽而歡天喜地。不就有人說嗎，看戲的是傻子，演戲的是瘋子！

我先來說說我的親身經歷，記得年輕的時候，經常路過台北火車站，那個年代，火車站沒有棋盤式的方格地板，也沒有熙來攘往的東南亞外籍人士，更是沒有捷運！在台北火車站，無時無刻可看到中南部的莘莘遊子們，來到這個不是他們的家鄉，無助的望著站前車水馬龍的四線道，在那茫然的眼神中，似乎不知該歸向何處，接下來就這樣，慢慢地，慢慢地被車潮、人潮吞噬了。

有一回，我遇見了一個青澀的大男孩，他似乎焦急地在找些什麼，與他的四目交會之中，我感受到那一股無助感。他迎著我的面走了過來，突然拋出一句：「這位大哥，可以跟您請教一下嗎？」

「你說說，什麼事？」我那天剛下班，正好與朋友約在火車站。

大男孩說話斷斷續續，「就是怕……麻煩您了……。」

「沒問題，我朋友還沒到，我還有些時間。」

「是這樣的，我剛來台北，」從男孩的打扮我也可以想像，「可是，我把我阿姨的電話給忘記了，現在正好身無分文。」

「那你知道你阿姨住哪裡嗎？」我心想，他該不會無法回到他阿姨家吧？

「我知道要搭262這部公車，哪一站我也知道，只是我沒有公車費！」男孩低著頭嘀咕著。

防人之心不可無

原來是沒車費，這倒簡單，「我皮包裡還有點零錢，你拿去吧！」

「可是十元銅板就好了，其他的不需要！」嗯嗯，感覺上這孩子還挺誠實的。

突然想想，這個月住院醫師的薪水剛發下來，「要不我乾脆給你兩百塊，你搭計程車吧！」

「不行不行，我只要十元銅板，如果可以，你多給我一個就好。」

「好吧，我就多給你一個銅板，路上小心喔！」

「會的會的，那，可以給我你的電話嗎？之後再把錢還給你。」男孩說話還帶著點哽咽。

「不用了，就當我送你的。」

「謝謝大哥！」男孩感激之情溢於言表，我也覺得自己做了件大好事！

大男孩剛走了不久，我朋友才姍姍來遲。我約略跟他說了一下先前的故事，他馬上大叫，是那個頭髮中分，身高大約一米八，戴著黑框眼鏡，說話有點中部口音的大男孩嗎？很顯然的，一時之間，我與我的朋友心領神會了。

這個大男孩，是個詐騙老手，他專挑在車站等候朋友的人，因為他們最有時間，傾聽他的說辭。由於是個老手，他通常只詐騙一兩個銅板，多的也不要，降低你的戒心。幸好我沒給出我的電話，而據說他要電話的目的，則是放長線釣大魚，希望能藉由銀行轉帳等其他方式，騙取更多的錢財，初次相遇的銅板事件，不過只是個起頭。所以您看看，當初我可是個醫學系畢業，已投入職場的住院醫師，卻也難以抗拒這個騙局，那更何況是一個青澀高中生！

讓人富有同理心的鏡像神經元

聽過一種叫鏡像神經元的理論嗎？大約二十五年前，生物學家在研究大腦構造時發現一種神經元與生物的模仿能力、社交能力及同理心息息相關。科學家們曾做過一些實驗，他們發現，當實驗人員在猴子面前拿起牠眼前的物品，或是讓猴子自己拿起物品，在大腦所誘發的神經傳遞竟然是一樣的。這是因為大腦中的鏡像神經元活性增加，於腦內模仿、重現該動作與情緒，進而使動物感同身受。科學家發現這種鏡像神經元大量存在於大腦的F5區，也就是掌控手部與口部動作的區域。換句話說，即是所謂的溝通區域，可見鏡像神經元與語言溝通，也有著密不可分的關係。人類的語言，最初也是來自於模仿，孩童的牙牙學語，就是被周遭環境中的語言刺激後，接下來由模仿的過程逐步達成。孩童或許不識文字，卻能由此種鏡像神經元驅動的模仿行為，逐漸深諳母語的溝通模式。

除靈長類外，科學家亦發現狗、鯨豚、鳥等動物，可能具有這類的鏡像神經元，從而讓這些動物產生近似與其同伴溝通認知等功能。當然，這裡還有個反證，那就是自閉症與鏡像神經元的研究。某些實驗心理學家假設，自閉症的社交功能缺失，也與鏡像神經元的異常相關，導致他們無法成功與人溝通或模仿他人，於是乎，同理心的部分也較為缺乏。藉由腦部核磁共振的研究，他們赫然發現自閉症患者鏡像神經元區域的厚度較正常人大腦同區域為薄，雖無法確知其為自閉症之病因機轉抑或是由自閉症之病程進展所造成，然而這類的研究可能開啟了另一扇門，讓我們更加重視鏡像神經元對人類溝通與同理心的重要性。

回到青少年的本質與同理心的交互作用：**青少年本質上即為初生之犢，懷抱著赤子之心，同時生理上的變化又常常讓自己覺得已長大了，無所不能**。所以，一旦衝撞到同理心而造成內部震盪，往往當下即決定伸出援手。其一是能證明自己是成熟大人，足以擔當助人之大任；其二是秉性純真，內心易受感動，不僅對朋友講義氣，兩肋插刀，對無助的陌生人，更是盡心竭力，力求協助他人度過難關！

的確，如此一來，極易遭有心人所用，甚而犯險，然而，往好處想，這不就是為廣大而冷漠的社會，注入源源不絕的新動力，而這份赤子之心，也是現今社會最缺乏的，不是嗎？我們只需提醒他們別忘了停、看、聽，熱血助人之餘，也別忘記保護自己。

美儒老師深情寄語：

少年十七、八歲是生命歷程中，最閃亮、最夢幻繽紛，卻也是最純真又充滿好奇探索的年紀；青春年少常令人感覺處處「鳥語花香」，卻也不免遭遇人心莫測而「危機四伏」，各種無法預知的人間險相可能隨時出現。

蘇東坡在〈蝶戀花〉詞裡說：「花褪殘紅青杏小。燕子飛時，綠水人家繞。」小小青杏，美麗青春，彷如流金般的時光，究竟又暗藏多少不為人知的酸甜苦辣鹹。

青春年少，就似那枝上初綻放的小小青杏，是那般的稚嫩清純仍須師長父母的呵護牽引。

「四時可愛唯春日，一事能狂便少年」，清末民初《人間詞語》的作者王國維在〈曉步〉詩裡這樣寫著。敘說一年四季最可愛的，就是春天；只要有件事讓你滿心狂熱的去專注投入，你也就幻化成青春紅顏的少年。

針對「少年白襪事件」，我認為學校應立即啟動危機處理機制，利用全校朝會時間公開提醒同學。沒想到，後來持續「追蹤」到學校輔導單位卻得到了這樣的消息。

話說兩年前曾有已畢業的學長也遇見了詭異的「大哥哥」，給了襪子急救止血，也毫無防備之心的給了手機號碼；結果在對方藉口歸還襪子，多次熱烈邀約下，見了面一起喝咖啡。

事後竟演變成被「猥褻」騷擾，據說最後還告上法院，司法訴訟至今仍未結案。

DR翁小錦囊

三不：

1 威權不會幫助你更加了解孩子，更無法有效傳承你的社會經驗。

2 你的孩子毋須過度保護，唯有勇於面對，累積經驗方為上策。

3 世風日下，卻永不澆熄孩子助人的熱情。

三要：

1 多與孩子深層互動交流，方能適時助他們避險。

2 聽聽孩子對現今社會事件的想法，並詢問他們在相同情境下的判斷。

3 鼓勵孩子停、看、聽，冷靜是他們一生受用的法寶。

都是網路惹的禍？

星期五的清早是我一星期中，唯一可以稍稍晚起，不必趕奔七點四十分陪學生朝會升旗的早晨；身為班級導師為了配合第八堂班會課，週五所有的課務全排在下午。

家長電話專線，專接各種疑難雜症

沒想到，大清早六點鐘不到，就被床前的電話鈴聲叫醒；縱使在手機普遍化，Line即時用的情況下，我仍保留家中兩部室內電話；其中一支設定是學生家長可以快速找我的專線，而現在正鈴聲大作的就是「家長專線」。

其實每次這支外表甜美粉紅 Hello Kitty 電話一響，我都會有些心驚驚，擔心不曉得學生又發生了甚麼事？孩子這回是惹爸爸媽媽生氣了或傷心？

曾經也是大清早，學生媽媽來電顫抖著聲音告訴我：「孩子的爸爸昨天晚上心肌梗塞突然走了，走的前一晚，孩子因為打電動還跟爸爸大吵一架；從昨天晚上到現在，我看孩子都沒睡也沒哭，他大概嚇壞了。老師，我該怎麼？」

也接過憤怒的父親在凌晨一點多來電說：「我以為他是下課趕補習弄到快半夜十一點才回來。原來啊，氣死我了，男不男，女不女的，跑去西門町穿耳洞、戴耳環。只是多說他個幾句，罵他『變態』，哇，竟然外套一抓就跑出去了。這麼大半夜的，真不知道他跑哪裡去？睡什麼地方？」

有時遇見「災情」比較「輕微」的是：我已經背起背包準備出門到學校，偏偏這時電話響起，學生媽媽來電話告訴我：「昨晚看了他這次月考的數學成績，只不過說他：『花了這麼多錢，結果還考出這種爛分數，那還補什麼補？』噢，今天早上他還起得特別早，七點不到，早餐不吃、門一摔就出門了。老師啊，今天在學校請你一定要幫我多留意他的情緒。」

真是家家都有一本難念的經，多少外表幸福歡樂的家庭，往往也藏著許多不為人知的親子衝突、溝通障礙，甚至情緒大爆走。

大清早，一個母親的哭泣

大清早，六點不到。此時只聽到話筒另一端，傳來婦人哽咽的哭聲：「老師呀，我是大偉的媽媽，他，他闖禍了。」大偉？那個理著小平頭，國小三年級父親就病逝，來自台灣中部一個小鄉鎮，寄宿在學校附近民宅的少年；究竟出了什麼事？惹了什麼禍？為什麼讓辛苦在工廠上班的單親媽媽哭得如此傷心？

剛從高一升高二的大偉，雖然認識他還不到半個月，但是從三十多年帶班的經驗來看，那總是張著一雙黑白分明的大眼睛，對人笑笑的一張圓圓臉的大偉，絕對是個善良懂事的少年。

根據輔導室的資料以及從高一導師探聽得知，大偉從進入建中的第一天開始，每天放學後，都主動跑到莊敬四樓的大會議廳，晚自習讀書到九點半才離開。他總是理著那種幾近光頭的髮型，原因就是為了省下理髮的費用；當許多同學夜間或週六、日奔波於各補習班「名師」的教室時；他選擇自己自修學習，一科也不補，更為家庭節省不少支出。

從不肯花半毛錢額外補習的少年，不論數理史地國文，科科成績照樣念得光彩亮眼，學期總平均直逼九十大關。

這樣乖巧聰明的好少年，怎麼會惹得母親這般慌張哭泣呢？

我趕忙安慰她：「大偉媽媽不要哭，請告訴我到底發生什麼事？」

「大偉星期五黃昏回到家，我就覺得他怪怪的，本來胃口很好的他，卻是晚餐只扒兩口飯就說飽了。星期六整天窩在房間，懶洋洋的也沒看他在讀書；一直到昨天，我看他實在太怪了，剛開始問他有什麼心事？他都說：『沒事！』」大偉媽媽嘩啦啦述說，頓了一下才又接著道：「到了晚上我還是忍不住一直追問他，有什麼事不能跟媽媽說的？結果，他突然放聲大哭，說他被逼迫要交五千港幣。」

「五千港幣？交給誰呀？為什麼？」

不小心上了色情網站

「孩子說，他前幾天不小心上了色情網站，剛開始說好的，前十分鐘免費，沒想到竟然一下子就變成正式會員，這兩天對方一直催他要匯五千港幣過去，不然就要訴諸法律，說要告他違約。孩子怕得要命，又怕我擔心，所以一直沒敢讓我知道。」大偉媽媽依然啜泣哽咽，掙扎萬分似的說：「老師，我現在準備搭第一班客運到台北，請老師幫忙，告訴我接下來要怎麼做？」

喔，原來又是這些色情網站玩老梗，想來唬弄、A少不更事少年郎的錢。

想著這位辛苦在工廠勞動打工，堅強持家的單親媽媽。好不容易把兒子拉拔長大，兒子不負她的苦心，認真用功的遠征台北考上人人稱羨的建國中學，此刻肯定心急如焚又無助慌張。

趕忙告訴大偉媽媽：「不要怕！大偉媽媽，老師一定可以幫你。你知道，孩子仍未成年，不用怕對方拿提告來唬人，有必要，我可以陪你到警察局備案。」我想這顆「定心丸」允諾對她是最有效的。

「媽媽，你預計大概什麼時候可以到學校？我帶妳和孩子一起先去找學校教官談，問題一定有辦法解決。」

「老師呀，如果讓教官知道他上色情網站，會不會影響他的操行成績？會不會記過呀？」愛子心切的媽媽，這時聲音幾近顫抖。

「媽媽請放心，我會跟孩子一起面對問題，再尋求解決的方法，絕對不會讓孩子留下任何不好紀錄。」其實此刻，我是比較擔心大偉的；擔心這向來孝順貼心的少年，可不要為這種色情陷阱而自責太深，可不要一時想不開做「傻事」呀。

放下大偉媽媽的電話，趕緊打了手機安撫大偉：「沒事的，不用擔心，老師一定在你身旁陪你。記得，把電腦帶來學校，我們一起來解決問題，沒事的。」

十點左右，大偉媽媽一臉慌張、憂心忡忡的終於趕到學校。我上前輕輕扶攬大偉媽媽瘦弱的肩膀，帶著早已從教室來到我身旁的大偉，找來本班的輔導教官到學務處的密室小房準備商討對策。

這時候，這學期才剛調來本校不久，長得又高又帥的中校主任教官，也主動熱心參與關切；只見兩位年輕教官一臉笑靨和善，更是正氣英姿煥發。

先傾聽孩子敘述他「誤入」色情網站的過程，以及對方以「超時」為藉口，硬是判定孩子已是正式會員，緊迫盯人逼著要錢的整個經過。

先是教官要大偉坐到他們身旁，只見教官們邊聽著邊打開電腦，眼明手快的敏捷操作；我和大偉媽媽只好與他們「對立」而坐；不看螢幕，以免看到尷尬畫面。

沒多久，只見二位教官充滿信心，笑容深深的告訴大偉媽媽和我：「放心啦，沒事了。這種雕蟲小技的欺詐伎倆，我們看多了。」

最終結局：由教官陪著孩子到學校的「網管中心」，為孩子的電腦作大清理，重要文件資料再重灌；至於色情網站往來要脅要錢的文字則予截圖保留，以做為將來有必要到警局備案的證據。

圓滿完成處理，這時候大偉媽媽高興得又哭了，邊用手背拭著成串的淚水邊說：「從小他一直是懂事貼心的孩子，沒想到會這樣，真是不好意思……。」抱著她，輕拍她的肩；唉唷，沒事的啦！十七、八正值青春精力旺盛的大男孩不受情色誘惑，不好奇想看這些情色圖片才不正常呢。

科學與感性

愈是禁忌的東西，似乎愈是有魔幻般的吸引力，古往今來，就像是條鐵律。偏偏華人的教養環境，有個與西方很不同的地方，我們習慣利用禁止或是限制，教育我們的下一代。以前我在門診的時候，最無奈就是面對媽媽們，總是明示暗示著我們兒科醫師，交代她們心中的「期望」，媽媽問：「醫生啊！感冒可以吃冰的東西嗎？」

我回答：「其實只要是水分，他如果沒有拉肚子，就……。」

媽媽神情開始不悅，對我使眼色：「醫生你的意思是冰不好，對不對？」

我快速地會意過來，這好像是媽媽正在舉球，要我準備殺球，我只好說：「嗯哼，如果是太冰，可能不是很適合……。」

媽媽立刻搭腔：「聽到沒，醫生說的，媽媽沒騙你……。」

我則是無言以對，媽媽又說：「以後再不乖，來這裡就會被打針。」啥？我們可不會這樣恐嚇孩子！

執行工能的中樞：前額葉

談到禁止或限制的教養前，我們先來說個有趣的故事，這個主人翁叫做費尼斯．蓋吉，這位老哥是大西洋鐵路的工頭，當初他專門負責爆破。讓我們回到一八四八年這個年代，當年的美國正如火如荼地開始建設鐵路網，那時也有不少來自廣東的華人參與鐵路工程，成為北美的第一代華人移民。有一天，費尼斯接到一個任務，他必須去除在鐵軌鋪設路線上的一塊大石頭，於是，他開始準備爆破的火藥。然而，這位老哥的下屬們做事不是很確實，通常，爆破之前必須先鋪上防炸的泥土，避免爆破的時候土石齊飛。費尼斯不疑有他，當一切就緒後，他順手就點燃了火藥。當然，在沒有防炸的保護下，隨著火藥引燃，不只有土石，連施工區域的鐵棒也被一起炸出，而鐵棒居然不偏不倚，直向這位老哥的左臉頰飛去，接著從頭頂飛出！

天啊！我相信，如果今時今日發生這樣恐怖的事情，一定是全台新聞聯播，更何況那個年代完全沒有抗生素，沒有神經外科醫師，更沒有隨處可見的醫院與急診室。

「我看他死定了！」起先他的同事們不懷抱任何希望，掩面不知所措。

「等等，他居然還在動！」於是，他的同事們趕緊抬起這位老哥，送往小鎮的醫院，在那裡，醫師使用「大黃」這類的草藥，試圖醫治他。你沒聽錯，「大黃」，從中世紀開始，西方世界與阿拉伯的醫書中，就開始提到大黃的一些功效。我們的中醫藥書籍描述，大黃是種清熱解毒的瀉劑，聽到這裡，我想，您應該不會認定費尼斯老哥還能恢復吧？

人生就是一連串意外的奇蹟拚湊而成，醫師僅僅用了大黃加上蓖麻油，三周後，這位老哥竟然逐漸康復。除了左眼被射穿而失去視力，不幸中的大幸，他竟然還能自由行動並且與人對話，如果您當初也在鐵棒飛出的現場，我相信您一定會讚嘆這是神蹟！沒錯，就算是現在的醫療技術，我們都無法確定如此重傷後，還能有這麼良好的預後。

費尼斯完全恢復了嗎？其實並不盡然。這位老哥當初能當上工頭，主要是因為他做事認真負責、謙恭有禮，對於屬下非常照顧，是個不可多得的好長官。現在既然恢復了，鐵路公司應該還他個公道，讓他回去繼續上班吧？不，鐵路公司無法讓他回去。是因為那個年代勞工權益無法被保障嗎？不是，純粹是因為費尼斯這位老哥，他變了！

您可能會好奇，變了什麼？他害怕繼續擔任爆破工作嗎？是他自己拒絕回去上班嗎？

都不是！

費尼斯的個性大變，他讓朋友們完全無法認出他來。以前他是一位彬彬有禮，上班絕對穿戴整齊，工作態度良好的夥伴。自從他康復之後，做事開始虎頭蛇尾，自以為是，有時甚至飆罵髒話等不雅的文句，每天出門都是邋邋遢遢的。

「這不是他！」不但以往親近的同事無法理解他，甚至還有人以為他被邪靈附身了。

內行的人看門道，這件事情引起了某些神經學家的興趣，他們也正開始研究腦的不同分區是否有不同的功能。對於二十世紀的我們，耳熟能詳的是，小腦負責平衡，腦幹負責呼吸，大腦枕葉負責視覺及聽覺等。有一回，我竟然發現小學生流暢地背誦這些他們認為的理所當然的常識呢！但是，在一八五〇年那時，神經學家還分不太清大腦的功能區域，費尼斯這位老哥的際遇，就成了臨床上活生生的例子。

事實上，費尼斯受傷的區域，屬於大腦的前額葉。在近幾十年內的研究中，我們已確認前額葉的功能。前額葉是我們的執行功能中樞，類似總司令部，當匯集所有的資訊後，下達執行命令，我們就會從事這些有意識的行為，並且限制與禁止一些不良行為。但是，當前額葉失去作用，例如因受傷或是中風等因素，總司令部就會失去功能。相較於一個國家，如同行政院失去功能，那就天下大亂了，人體也是如此。在這個前額葉的執行中樞中，有個主要的功能，就是他會評估理性與情感的資訊。理性的資訊主要來自判斷中心（請見第4-3章，關於基底核的紋狀體），而情感資訊則來自於邊緣系統的杏仁核等。前額葉在分析這兩方獲得的資訊後，做出合理的結論，就像卡通裡常見的黑天使白天使，在我們的肩頭兩側提供建言，最後由我們自己決定該如何執行。一旦前額葉這個總司令部失去功能，情感的部分就會開始踰越，無限上綱，因為邊緣系統掌管的是我們人類比較原始的情緒與欲望。

費尼斯脫序的行為，是因為前額葉受傷所造成。不過，真實腦部發展的研究證實，前額葉在青少年期成熟的速度較慢。神經學家們經過量測，發現前額葉到接近二十五歲後才真正成熟，反而是主管情感的邊緣系統，其於青少年時期就已經建置完備。相較之下，情感中心是稍稍強勢的！讓我們回到美儒老師這位大偉的案例，我相信在他腦海中，起初理智的他告訴自己，他必須立刻停止瀏覽這些網頁，不過，情感中心的欲望似乎又更強勢，因而漸漸步入陷阱。當他自己發現掉入陷阱後，大腦的執行中樞又再度被情感中心綁架，無法靜下心來分析如何面對恐嚇，因此更加深惶恐的情緒，造成整個總司令部都愁雲慘霧，幾近崩潰，幸而最後有師長出面協助，才不至於鑄成大錯！

美儒老師深情寄語：

孔子曰：「君子有三戒：少之時，血氣未定，戒之在色；及其壯也，血氣方剛，戒之在鬥；及其老也，血氣既衰，戒之在得。」《論語．季式篇》。

這些色情網站通常架設在國外，最愛「釣」的就是這些血氣未定、涉世尚淺的青春少年。

通常不管你是有意或是不小心誤入，對方一定立即表示免費讓你嚐鮮看個十分或十五分鐘。奇怪的是，很快的就說你已超過時限，且自動up為VIP貴賓會員；然後就不斷地每隔幾分鐘就催你匯出巨大會費，再來威脅放話要訴諸法律提告。

好笑的是，本身就是違法的地下網站，憑什麼跟人談法律？可是，對絕大多數少不更事的青少年；就像大偉一樣，既擔心被父母師長責罵，面對巨額金錢，更是害怕得不知所措。

根據輔導室紀錄，確實曾有學長在不敢求助父母師長，又擔心被同學知道，在同儕間「丟臉」；結果，真的，乖乖匯了五千港幣過去，白白被A巨款了。

DR翁小錦囊

三不：

1 人不輕狂枉少年，過度責罵孩子的錯誤行為只會讓他更加遠離你。

2 限制與禁止反而會引發更大的好奇心，只是你不願意面對。

3 封閉式的管教其實效果不大，而且紙真的包不住火。

三要：

1 從心體會孩子犯下錯誤行為的原因，知錯能改，善莫大焉。

2 知識絕對是力量，閱讀還可安定情緒，增強穩定度。

3 與孩子討論，意氣用事或情緒干擾理性的壞處，並說明良好EQ的好處。

老師我不想上大學……

黃樹林裡有兩條叉路，而我，選擇了人跡稀少的那一條，
而這一切變得多麼不相同。

——羅伯特．佛洛斯特〈未竟之路〉The Road Not Taken

羅伯特．佛洛斯特（Robert Frost，一八七四～一九六三年）四度獲得普立茲獎，可說是二十世紀美國最受歡迎、家喻戶曉的大詩人；一直到現在，美國的中小學課本、聖誕卡片，甚至背包、手提袋上，都喜歡把他的詩文選錄在上面。

「老師，我不想參加學測，因為我不想上大學！」下課休息時間，我沒有離開教室，我喜歡留在教室，坐在講桌前的小椅子，跟同學有的沒的閒談生活趣事或小煩惱。問A男：「昨晚幾點睡？為什麼剛才上課看起來有點累的模樣？」問B男：

「媽媽生病住院，好了沒？回家了嗎？」問C男：「怎樣？跟中山的女孩還在進行式嗎？」

當阿宸彎下他那將近一百九十公分的高大身子，擠到桌前，半蹲在我身旁；張著一雙大眼睛，表情認真、語氣篤定的這樣告訴我時，確實教我大大地吃驚。

自從一九七八年應聘來到這所無數父母稱羨，堪稱全台首屈一指的男子高中學府，歲月嬗遞星光荏苒，一轉眼三十八年了；除了第一、第二年任教高一，就再沒回高一了。數十年來，都被學校留在二、三年級，而且只教三、二類組，陪伴一心想從醫或走理工路線的孩子。

因緣際會，初次來到這成立不到十年的「體育資優班」，這群來自全省各地各具運動專長的孩子；有世界青少年盃勇奪銀牌的游泳健兒，也有兩岸競賽拿特優的田徑高手，網球國家少年代表，全國乒乓高手，而全班最大的主力軍就是風雨無阻、日夜操練、撞擊，常常打到遍體鱗傷、骨折脫臼的橄欖球隊，建中「黑衫軍」。

黑衫軍的前鋒猛將說，他只想開「怪手」

阿宸就是「黑衫軍」的前鋒猛將。

還記得在寒假時，他曾透過FB臉書問我：「老師，您覺得我在假期裡應該看什麼書？」我回他：「買本《小王子》來看看。」開學沒多久，他帶來了《小王子》告訴我：「老師，我看不太懂吔，實在搞不懂他為什麼要這樣在不同星球，跑來跑去的流浪？他是外星人嗎？」「沒關係，老師建議你，就把它帶在身邊，有空就翻一翻，看個一、二章，一小段都可以。表面看起來以為是童話寓言，其實它是一本探討人生哲學的書。老師相信，在不同的時間、不同的心情、年齡看它，都會有不同的感覺。」

阿宸是全班在寒假幾乎沒有一天休息，為了爭取全國「三連霸」而猛操勤練「鬥牛」的「黑衫軍」勇將少年裡，唯一跟我主動要求提閱讀書單的孩子。

此刻，他也是我在建中三十八年來，春風化雨教育過數千子弟，第一個，也是唯一的一個，跟我說：「老師，我不想上大學！」的孩子。

「老師，我覺得爺爺、爸爸年紀大了，我要趕快跟他們學一些開怪手的技術，

我想承擔這個家族事業的延續。說真的，老師，我真的不喜歡呆呆的坐在教室，聽一些我沒興趣也聽不懂的東西，這都無助於我開怪手。」少年說得真誠也坦白，看來他的決定絕不是一時衝動或貪玩。

所謂的挖土機也就是俗稱的「怪手」，有大型也有迷你型，大的差不多有二十噸重，小的一、二噸都有，阿宸家大約擁有五十多部挖土機和七、八部卡車。

以這樣龐大的資產為背景，身為家中長子的他，不也就是一般人稱羨的金湯匙「小開」嗎？可是我眼前的阿宸卻從不穿什麼名牌鞋、潮棉T的。

他告訴我，假日最愛的休閒「活動」就是刷洗他那部二十噸的「怪手」麻吉好友。他說：通常要先用水幫它沖洗全身，再上清潔劑，然後再拿柴油塗滿車身、輪胎，細縫小處都要用力刷，最後再拿清水做沖洗才算完成。

我問：「這要花多少時間？」他嘴角勾著笑，聳著肩：「至少兩小時跑不掉！」說到幾歲開始接觸「怪手」的？

少年露出慧黠又掩不住得意的笑靨酒窩：「大概是在國小一年級的時候吧？偷偷爬上去，發動了。被阿公發現叫下來，還被打屁股。」

「可是沒辦法呀，我真的愛怪手！從那一次起，怪手就成了我的好朋友。」

在距離大學學測不到一個月的時刻，少年阿宸跟我提出了他的怪手「宣言」。

最後我只能跟這意志執著的少年約定：期待他專心去開怪手一年，年輕讀書求學的時光不宜中斷太久，希望明年還是要回來參加大學學測，老師還是可以為他的申請入學寫推薦函。

還有，我要求他跟我約法三章：他必須允諾答應我：不酗酒、不吃檳榔、不抽菸。

開著怪手搶進災區救難

八月中旬，蘇迪樂颱風來襲重創烏來山區，我在FB上看到他開著他的麻吉怪手；明明前天深夜還在新店廣興護岸砌石搶築第一條臨時便道的，今天清晨七點不到就進到烏來泰雅族信賢部落，搶救災區受土石流重創的泥濘荒地。

雖然人在國外，我立即私訊叮嚀：睡眠充足，安全第一最重要，孩子，為了走更遠的路，工作之餘，你一定要保護自己、珍愛自己。

山洞裡的小螞蟻

少年怪手阿宸很快的回我：「謝謝老師的關心，我會聽話。不過看到原本樹倒亂草一堆的滿目瘡痍，到終於把路打通，把物資送到他們的手裡；見到他們快樂的笑臉，開心的歡呼。老師，我覺得那是人生的大幸福！」

阿宸幾乎每天都會將他工作現場圖片、進度的內容，透過FB，PO給我；日前九月開學，我看到他一直在念厚厚一本的《土木工程學》，裡面幾乎全在計算土立方的運算程式和各種岩石特質的理論。我問：「為什麼念這些大學用書？」阿宸告訴我：「開怪手不只在於技巧技術，也要懂得理論計算才可以準確的做到回填沙作業、土方運輸、坡坎砌石、土心降控；所以，老師，我也有在讀書喔。」

阿宸最近從熟悉的西濱海岸來到東岸台九線，準備開鑿一條從蘇澳到和平的「觀音隧道」，讓後山花蓮人可以避免危險處處的蘇花公路，而擁有一條安全回家的路。

我曾問少年：「怪手工作中，有沒有什麼是你遇到的挫折？」

少年思索了半晌才告訴我：「想到明天的工程可能困難重重時，我會覺得壓力很大；最怕車子突然故障，一時又沒有視訊可聯絡，也會懊惱事前為什麼沒有多檢查幾次？」

昨夜睡覺前，我收到了少年彷如詩歌又似心底聲音的文字：「我像漫長山洞裡，勤奮的小螞蟻；我要在困難中超越自己，而不是別人。」

科學與感性

感謝美儒老師，少年阿宸的故事，真的非常激勵人心。看著少年阿宸的故事，對照著二〇一七年在台北如火如荼舉行的世大運比賽，我總是想著，那一群日以繼夜、焚膏繼晷，不停地再接再厲練習的運動員們，他們總是那麼的付出，為的僅僅是，在那世界的舞台上，為台灣留下一面面的驕傲！然而，面對著未來，運動員巔峰的生命有限，似乎人生的抉擇，不僅僅是少年阿宸他需要面對，這群運動員們，也必須面對。現實卻是，在台灣，運動員的生涯規劃，實屬不易。

少年阿宸，讓我想起了另外一個人，她在荳蔻少女的年華，家中發生巨變，父親的健康狀況堪慮。身為家族之中的長女，她的父親，希望她能夠承繼家業，把家庭的重擔承擔下來。面對著家族龐大的產業，雖然她接受過很良好的教育，仍是一股沉重的壓力，而且父親在她繼位後不久即離世。然而，令人不得不佩服的是，接下來，在眾人不具信心的狀況下，她依然度過了一個個的難關，尤其是家族產業在重大打擊之後，竟還能逐漸復甦。我不知道你可不可以想像，她從沒選擇過逃避這份工作，而是不斷的工作，直到她都已垂垂老矣。到現在，她依舊是這個家族產業中的精神領袖，數十年如一日。她是誰呢？不知道您猜得出來嗎？她是英國女王，伊麗莎白二世。

英國女王是我相當敬佩的女性，她在二十歲左右的時候，就投入了二次世界大戰的後勤支援工作，數年後，當喬治六世身體每況愈下時，她繼承了王位。其中歷經了英國在二戰戰後，經濟凋敝，大英國協的海外殖民地紛紛要求獨立，以及各式各樣內政外交的挑戰。或許你會說，英國是最古老的民主國家，任何事務，重責大任不都在國會的總理手上，女王只需在宮中安穩度日吧？其實不盡然，雖為民主國家，內閣的首相任命權，形式上仍由英國女王所決定。基本上，英國王室雖不直接干涉內政，但女王的主觀認知與想法，依舊左右著英國國政，保有某種程度的影響力。看著女王她時而慧黠的談話，我常不禁讚嘆，放諸四海，幾稀有領導人的氣度可與之相比擬，同時，也少有人能堅持著自年輕時代以來的理想，勇往直前！

年輕人面對選擇也能有正確的判斷

英國女王的故事，不知道對你來說，有沒有一種，原來年輕人的選擇與作為，不一定都是完全不成熟的，是嗎？事實上，現今社會上普遍有一種論調，總認為年輕人的想法或是選擇，常常是不成熟的。舉例來說，我們不時可以耳聞，有些長者總會說，年輕人不可靠，直說他們是所謂的嘴上無毛，辦事不牢。但追溯中華文化，我們卻又常說，英雄出少年。歷史上的故事，無論是岳飛的精忠報國，還是劉關張桃園三結義，這些英雄人物，也都在相當於弱冠之時，就立定了他們的志向，勇往直前，不達目的誓不罷休。或許你還會說，應該不是每個年輕人都這樣吧？那我們來看看，科學上的證據又是怎樣的。

人類大腦面對選擇題的時候，首先在我們大腦的皮質部分，也就是匯集最多神經元的地方，會由感官先收到相關的訊息，並且嘗試將此訊息整理交由判斷中心去分析解構。比方說，如果我們面對著兩個選項，A或B，大腦會同時將這兩個選項的訊息，從感覺受器彙整到大腦皮質神經元，接下來大腦皮質統整訊息完畢後，傳遞到所謂的「基底核的紋狀體」部分。在腦科學研究中，「基底核的紋狀體」就是所謂的所謂的判斷中心，這個判斷中心呢，他累積了相當多的數據，其中富含過往的個人相關經驗，以及從生活中或是他人經驗中，所累積的知識，儼然就是個大數據資料庫。

當兩個不同的選項A或B，從大腦皮質傳送過來後，「基底核的紋狀體」就會開始進入判斷的過程，然後賦予兩個不同的選項，不同的判斷，例如喜歡A，但是討厭B。這個判斷的訊息，緊接著，藉由兩個不同的部位，分別先經由「黑質」，其次傳達到「視丘」，再由「視丘」進一步傳遞回來原先的大腦皮質。在「黑質」前的傳遞過程中，有個相當有趣的現象，就是被否定的訊息，例如前述的B訊息，會被強迫繞個遠路到「基底核的蒼白球」，搭上一個須轉乘的路徑；反過來說，A訊息就通暢無礙，搭上直達車，直達天聽。兩方訊息傳遞速度會有點些微差異，但影響不大，皆抵達「視丘」後，緊接著就利用類似感官系統的路徑，傳回原先的大腦皮質區。

於是，大腦皮質就得到了一個高下立判的答案，這就是一個大腦選擇的過程。

恆毅力協助你邁向成功

或許你會問，年輕人，尤其是青少年，他們的選擇功能應該比較不成熟吧？我必須認真的告訴你，從我們牙牙學語以來，人的一生，就是不停選擇的過程。回想著你一天的生活吧：早上起床，先選擇吃哪種早餐，接下來，望著衣櫥，選擇今天最適合的衣裝。匆忙出門之後，選擇跳上公車，或是搭捷運，還是因為時間來不及，臨時攔一部小黃。說起選擇，可是人人有經驗，而且皆是經驗豐富。不但經驗豐富，大多數的選擇，都總在電光石火中完成，也因為一切來得太瞬間，科學家到近幾年來，才逐漸揭開他神祕的面紗。

換句話說，青少年在歷經十多年的歷練，早已是所謂的選擇奇才，因為熟能生巧，每天不停地鍛鍊，選擇一定有理由，絕非輕易草率地完成。這裡另要提出一點與各位分享，真正的重點，永遠不是選擇本身，而是後續的恆毅力。

從少年阿宸的故事，我們看到了一個青年，對自己懷抱的理想，勇往直前，不畏艱難的努力。岳飛、劉關張等人，何嘗不是？所以，如果我們要幫助他們擁抱自己的夢想，使用的方法是同理心的理解，以及鼓勵他們一步一腳印，聚沙成塔，這才是真正幫助他們邁向成功之路，不是嗎？

美儒老師深情寄語：

羅伯特・佛洛斯特的〈未竟之路〉原文是這樣寫著：“The roads diverged in a yellow wood, ... and I took the one less traveled by, And that has made all the difference.”

他一生探索詩文，執意要成為詩人的際遇過程，其實也是〈未竟之路〉的寫照。

佛洛斯特十五歲開始寫詩，從此立志要成為一個詩人。年紀輕輕，在二十一歲就結婚的他，隔年就有了孩子，後來陸續生了兩個兒子、四個女兒。既要養家活口又要追尋他的詩人夢，他只好帶著一家老小，從西岸加州遷往東北的麻塞諸塞州，甚至遠渡重洋到英國。

歷經各種生活的艱困、折磨，精神上的焦慮、茫然、挫折、沮喪，一直到四十歲才在倫敦出版第一本詩集，成名獲得好評之後，他方才舉家重返美國。

一九六一年甘迺迪總統，特地邀請當時高齡已八十七歲的他，在就職典禮上朗讀他的〈全心奉獻〉（The Gift Outright）這首詩。

在佛洛斯特身上，我們看到「莫忘初衷」的美好與勇氣。不必跟著他人或一般社會的價值觀，去選擇人生的道路；你覺得那是你志趣的所在，縱使道路荊棘遍野、坎坷難行，在獨自踽踽而行，寂寞無人問的時刻。只要你堅持理想，終究會走出一番與眾不同的境界。

在怪手少年阿宸的身上，其實我隱隱約約看見了佛洛斯特的〈未竟之路〉。

DR翁小錦囊

三不：

1 不要老在孩子前面倚老賣老。

2 不要總是批評孩子的決定。

3 不要總是緊緊抓住孩子的手不放。

三要：

1 傾聽孩子做決策的原因與過程。

2 鼓勵孩子從小做決策，熟能生巧。

3 跟孩子說明決策沒有好壞，惟勤天下無難事。

六指神少年

在這所謂菁英群集，各方才子匯聚的建中紅樓，任教了近四十年，教過在國際奧林匹亞大賽，勇奪金牌、銀牌的數理、生物、地科小天才不少；親自將他們送上醫學系、電機系、法律系，而終究成為懸壺濟世的醫師、高收入的電機工程師、辯才無礙的大律師；算一算，沒有上千也有至少有八、九百人吧？

無論是在不對外開放的個人演講會後，或在文化中心、學校禮堂的公開演講，常遇見家有青少年兒女的爸爸媽媽，總愛問我：「老師呀，建中的孩子都特別聰明喔？他們才能這麼會唸書、考高分的？」

是嗎？在許多爸爸媽媽心中，總以為特別聰明的才能考上建中？其實依我這數十年與這些少年朝夕相處的真實觀察和體驗，建中的孩子跟所有青少年的資質是沒什麼大差別，聰明才智更是彼此彼此；說起「瘋」動漫、「迷」電玩、玩「桌遊」、愛打球，也是跟一般像青少年沒有兩樣。

如果要說有什麼差異，那唯一最大的不同就是：專注力的認真度與自我克制力。

是的，我所說的「專注力」與「自制力」，就是讀起書來就好似「八風吹不動」的專注，再配上強大的自我「克制力」，不受任何外務、外事誘惑吸引的專心能力。

六六八成了他的綽號

多年前，第三類組（丙組）醫學系，大學聯招要考的科目是：國文、英文、物理、化學、數學、生物和三民主義七大項。聯考放榜，通常台大醫學系總分在五百五十分左右就可以安全上榜，聯招前的北區聯合模擬考，題目總是比較冷僻、刁鑽，大概五百三十分就有台大醫學系的機會。

班上來自中部一個小鄉鎮的羅喜，榜單一出，哇，七科滿分七百分，他竟然考了個六百六十八分，真是嚇死一堆寶寶，「威震」整個北北區所有師生。七百分裡，被扣的三十二分，全來自三民主義申論和國文作文及英文翻譯題。

從此羅喜綽號：六六八。

一個「六指」神童的誕生

初識羅喜是在開學第一週的一個清晨。

長年擔任三類組高三導師的我，總習慣早上七點二十分左右就來到教室。遠遠的在走廊的另一端，我就看到有個同學拿著拖把在拖走廊。走近問他：「是值日生嗎？」男孩睜著一雙大眼睛搖搖頭，竟然沒有回我的問話。

算了，不回答就不回答，逕自走向講桌旁，我特地要求跟同學一樣的桌子、椅子，那是我「專用」的導師「寶座」。

只見少年拖完走廊的地走了進來，從容地到每排走道逡巡，彎下腰撿垃圾。

啊，這樣熱心公益的同學是誰呀？

趕忙拿出我特意製作，方便隨身攜帶隨時背誦記憶的「班級名人錄」，尋著照片快速閱覽羅喜的個資：父親在家鄉一家肥料工廠當作業員，母親：家庭主婦。上有姐姐，下有一妹一弟，一家六口跟爺爺奶奶一起居住；家庭狀況：和諧溫馨。

回答的資料內容十分制式、非常簡單，在我數十年導師經驗看來，總覺得這樣表面清爽的文字，似乎隱藏著許多不願為人所知的「祕密」。

下課時間，特意找了高二跟他同班的同學來問：「羅喜不是值日生卻每天為同學拖地嗎？」同學壓低嗓子小心翼翼地說：「老師，你不認識羅喜？他從高一開始就一直是全年級排名第一的。一個念師大附中跟他同鄉的同學告訴我，說羅喜在國中二年級參加國三的模擬考，竟然總分比國三榜首的總分整整多出一百分。老師，他是分數神人啊。」

一個高一與他同班現在擔任風紀股長的同學，主動跑來這樣告訴我：「老師，羅喜表面對人好像很冷漠，不愛笑也不愛跟人哈啦；其實，他人很好的。同學如果有數理問題題目解不出來，只要去問他，他都會很詳細很有耐心的為同學解說。」末了結尾，同學還補加了一句：「他真的很厲害！他從來不在外面補習的。」

號稱「分數神人」，全年級三十二個班級一千五百多人，學期總成績總是排行第一的羅喜，到底是怎麼樣的一個少年？不愛笑、不喜歡跟人聊天，卻會默默為班級打掃、拖地的少年，究竟什麼才是他的本心原貌？我十分好奇。

放學時，我找了羅喜，我請他把模考的國文作文試卷拿來，我說：「老師想跟你一起探討被扣分的原因。」就在雙手遞上作文的當刻，我清楚看到他左手大拇指裂了一大口，好似兩根小姆指。莫非，他有多指症？是六指神童？

勤於心、拙於口的少年

我故意不動聲色，只是平常語氣的逐字逐句唸他的文章，然後為他解說；而他從頭到尾，對我的說明也只是點頭「嗯呀」的回應，果真惜「話」如金。

突破他的心房，少年願意坦誠跟我訴說心情的是一個放學後的黃昏。那天天色已近昏暗，我路過植物園的拱形木橋，卻看見少年靠著荷花池畔的花棚長廊柱子，一個人失神失神的在發楞。

趕忙趨前關心：「怎麼啦？一個人在這裡想什麼？還沒吃晚飯吧？跟老師回家吃好嗎？」我知道男孩獨自租賃在學校附近的頂樓鐵皮屋。

「老師，我覺得活得好累！我在想，要怎麼個死法才能讓人看不出是自殺。」噢，向來不說話，最常掛嘴邊的，永遠是：「對不起，借過，謝謝！」三個短句的少年；今天一開口竟是如此「驚世駭俗」，差點教我心臟停止。

「不要這樣。有什麼不開心的事可以讓老師知道，老師跟你一起承擔好嗎？」我忍不住伸出雙臂，把淚眼婆娑的少年擁入懷裡。

「第一名，我討厭第一名！在跑第一的競賽中，我永遠面對的是『前無古人』

後有『追兵無數』的威脅，我覺得好孤單、不快樂。」少年一邊啜泣一邊嘩啦啦說著：「你知道我們客家人最重面子，如果被人知道是自殺的，庄裡的人對爸媽的批評，肯定會讓他們丟臉死了。」

十五、六歲隻身揹負「江東父老八千子弟兵」期待，來到天龍國台北「征戰」的少年，「第一名」的光環，差點成為壓垮這隻美麗駱駝的最後一根稻草。

科學與感性

羅喜的故事，讓我不自覺地想起另一位特殊女子的際遇。她與羅喜之間，有著相似的人生軌跡，卻發展出截然不同的生命篇章。

誰呢？《撒哈拉沙漠》的作者：三毛。

羅喜念建中，三毛當初念的是北一女初中部；羅喜當初不喜歡國中小老師們有意無意地針對他母親的工作大作文章，三毛可就更精采了！三毛由於數學不好，所以一度拚命練習數學題，因此連續幾回數學小考竟然滿分。數學老師懷疑三毛作弊，於是故意讓她寫初三的考題，想當然爾，三毛一題都不會，捧了個零鴨蛋。事情卻沒就此結束呢！老師竟當眾羞辱三毛，在她眼周旁用毛筆畫了兩個大鴨蛋，此後，三毛就對校內學習失去了信心；根據三毛自己書中的描述，後來她情願到墓園裡「逛大街」，也不願意回到學校重拾課業，因為學校裡面的活人們，好似《聊齋》的說法一般：比死去的鬼們還可怕！

羅喜與三毛，後來也都有個生命中的導師，拉了他們一把。羅喜在植物園想不開時，遇見了美儒老師，踩了個剎車；三毛輟學後開始與顧福生老師學畫，畫技上雖然沒有明顯突破，顧老師卻機緣巧合地鼓勵起她，嘗試走上寫作這條路，甚至將三毛的文壇處女作《惑》，轉介給當時的文藝雜誌總編白先勇，讓三毛的作品得以問世，成為文壇上的新星。

這些巧合，同時勾勒出了一件事，不曉得您是否有注意到？其實，那就是「校園霸凌」。「校園霸凌」的施暴者，可以是同儕，學長姐學弟妹，當然也可以是師長。依照目前台灣教育體系的演變，早期的校園中，由於老師採用的多半是威權式領導，因此「校園霸凌」的施暴者，泰半以學校老師居多，三毛的狀況是，羅喜也是。然而，近年來台灣社會對個人主體意識逐漸提升，老師們也調整數十年前的高壓領導，幾乎轉變為現今的「以禮相待」，老師成為施暴者的可能性早已大幅降低，反倒是同儕間的霸菱事件層出不窮；除了早期互相作弄惡作劇的案例，後來更衍伸出所謂的「網路霸凌」。特別是現今社會人們的聯繫多了一類社群網站的平台，對學校裡的某些學生來說，網路上的「聲譽」，有時甚至重要程度高於其實際人際關係。近幾年還曾聽說過，莘莘學子竟因為網路上的不實謠言無法澄清，就此痛不欲生，最後發生無可挽回的憾事！

那科學上有沒有任何對於霸凌的研究呢？答案是肯定的。

「幽默」的話語可能正是語言霸凌

一開始進入研究言語霸凌的一群腦科學家，他們原先的主軸並非這個課題。許多西方的科學家對於人類「幽默」的特質，感到很有興趣，於是他們一開始希望利用功能性核磁共振的掃瞄檢查，觀察人們在接受「幽默」的言語或是閱讀「幽默」的文章時，到底哪一區的腦部被活化，想藉此進一步理解「幽默」的機制。

為何是幽默？其實幽默很特殊，如同人類高度特化的「語言」，幽默幾乎是專屬於人類的認知功能表現。尤其某些「幽默」的話語或是情境，還需搭配適當的文化背景或生活條件等，才能徹底融入，光就這一點，就讓不少腦科學家著迷。

我們中文裡面有一句話，經常在對友人開小玩笑後，卻不慎引發錯誤的連結效應時，說：「別這麼在意嘛！幹嘛如此開不起玩笑？」

是的，「開不起玩笑」，科學家們同時也發現，某些族群對於所謂「幽默」的情境，往往無法直接地感受到，甚至產生內心反感或衝突等。這一點，就如同我們常說的，「某些人很敏感」；這樣的心理素質，也就是所謂的較「無幽默感」的族群，除了可能無法理解某些幽默的言語或文字外，更可能較易成為在霸凌事件中的受害者。換句話說，前面我們所提的霸凌施暴者，對周遭的人們經常就會有意無意的散發出各種欺凌的訊息，而「敏感」的這個族群，內心的感受將會異常強烈，這就是為何，研究「幽默」的科學家們，與「霸凌」這個課題扯上了關係。

清華大學的詹雨臻教授所領導的認知與情緒神經科學實驗室團隊，前年就曾經發表一篇文章，講述「怕被笑」的心智運作機轉。他們分析特別害怕被嘲笑者與一般人在閱讀嘲諷笑話及非嘲諷笑話時的腦神經機制。這樣的設計是合理的，因為「怕被笑」的人在閱讀嘲諷笑話時可能會過度感同身受或覺得在嘲諷自己，而無法跳脫書中情境。

詹教授團隊的研究結果顯示「怕被笑者」在閱讀內容為互相嘲諷的笑話時，大腦的背側皮質紋狀體系統比一般人更活化，代表他們閱讀笑話的同時，大腦進行較多的認知控制；另一方面，他們的腹側中腦皮質邊緣系統，在閱讀笑話時（無論是不是嘲諷類型的笑話）卻比一般人較不活化，表示他們較無法透過閱讀笑話引發愉悅好笑的情緒反應。也就是說當「怕被笑者」遇到嘲諷時，無論是不是嘲諷自己，大腦都會比一般人「想更多」；相對來說，他們遇到笑話時，卻又比一般人更無法欣賞幽默，而產生愉悅的感受。

科學家們的研究，幫助我們剖析某些容易感受到「被霸凌」的受害者，由於他們內心世界的確較為細膩，可能也比較無法跳脫當下情境，轉變為稍微輕鬆的態度，面對「霸凌」施暴者的挑釁。但是，還是一句老話，「施暴者」才是源頭，所以我們不但要能理解受害者的心理層面，更加要譴責施暴者的意圖，根絕這類的現象一再發生！

美儒老師深情寄語：

自從植物園的意外相遇與對話，這原本緊閉心扉，吝於笑容，鎮日最常掛嘴邊的就是：「對不起、借過、謝謝你！」三個短句的少年，終於在校園、在教室、走廊會跟我說：「老師好！」

不久，我在生活周記裡看到少年寫著：「老師，我要誠心的跟您說對不起。之前一直不肯跟您說話、故意不回應，實在是從小我就討厭老師，國小時，每天放學我都是第一個衝出校門的人。……」

「為什麼每天放學是第一個跑出校門的人？」忍不住私下好奇地問他。結果少年雙頰靦腆、耳根泛紅說：「哎呀，沒什麼啦。國小時，我們老師天天在教室裡罵，罵那些賣檳榔的，說賣檳榔的最壞了，害人吐得滿地紅滋滋，髒死了。」少年聳了聳肩，故作瀟脫地告訴我：「老師，你知道嗎？我母親就是賣檳榔的。我每天第一個衝出學校，就是不想讓人知道檳榔攤就是我家。」

少年話匣子一開，好似就無法收拾了：「到了國中，童軍老師本來選我當童子軍的，我們班導竟然對我說：『你還是不要參加好了。參加童軍團常要花很多錢的，光是製作童軍服，不曉得你媽媽要賣多少檳榔呢！』結果是我退出，然後班導竟然找了家長委員的兒子進去。討厭，我討厭這些老師的大小眼、看不起人。從此，我決定用成績用分數來『打人』，我不想跟人對話！我相信，只要我全心投入功課、拿高成績，就再也不怕別人知道我家在賣檳榔，我，我還會削檳榔、包出好吃的檳榔呢！」少年邊說邊笑，我卻看到青春駱駝眼角隱約的閃著瑩瑩水光。少年故意堅強不掉淚，軟弱的我，竟早已鼻酸抑不住熱淚盈眶。

我，終於知道，少年分裂的大拇指是幫母親製作檳榔時，不小心被自己的檳榔刀削到的；少年沒有多指症，更不是什麼六指神童。

六六八，後來拿到「加州理工學院」（CIT）電機博士全額獎學金，完成了電機博士又念了柏克萊的法學博士；如今在美國與人合夥開業，成為辯才無礙的電機法學專業律師。

DR翁小錦囊

三不：

1 每個孩子對言語的感受力不同，減少使用過度情緒化的言詞，應多就事論事。

2 成長環境不該是原罪，也不應該被公評，在上位者或師長尤其更須亟力避免於此做文章。

3 孩子無論年紀，都能感受到不公平的威權強勢介入，切勿打著「他們年紀小懂什麼」的旗號，就濫用自己的權勢威逼他們。

三要：

1 面對寡言的孩子，需要更多的包容與耐心，也應多鼓勵他們釋放內心的情感世界。

2 智育成績好固然可貴，但著重孩子各方面的潛能，適性發展才是良策。

3 對於任何潛在的「霸凌」事件，須先秉公徹查來龍去脈後，方能做出正確判斷，否則可能會衍伸出「二度霸凌」事件，更加得不償失。

附錄

美儒老師火線話題12問

火線話題12問

初秋的周末午後，來到桃園鴻禧山莊別館的會議大廳，為兩百多位，來自不同專業領域、不同生活背景的女性，作一場親子EQ的專題演講。

來賓聽眾有走在時代尖端，打扮時尚流行的上班粉領族；也有穿著樸實的家庭主婦，和一群為數不少二度就業的媽媽群。

就像平常的演講一樣，結束時，總有許多聽眾一定要圍著我，繼續提出個人的困擾來問我，要我給予解答。

綜合當天的疑問，大致可分為以下十二個「親子火線話題」；我想也可以提供給親愛的讀者，一起來品味、來感受，說不定，別人的問題也正是自己內心的煩惱，不是嗎？

Q1 當孩子責罵別人，大聲哭訴不滿時，我該如何糾正他，讓他和顏悅色的表達？

A1

孩子大聲哭訴別人的不是時，想必是她他覺得自己被誤解、受委屈，才會有如此激動的情緒表達。建議您，就先讓他哭個痛快吧。**等他情緒平靜了，再讓他把事情說分明，做媽媽的，也可以趁這時候為孩子做個「公道人」**，為孩子分析事情的正負或是非。**最忌諱的是，在孩子激情哭鬧時，你偏偏急著要跟他說道理，你偏偏迫不及待地要跟他說明什麼對什麼錯。**

Q2 我常常不自主地把孩子當老公對待，希望他早點長大讓我依賴；又把老公當孩子一樣嚴苛地管教，我該如何改變自己？

A2

孩子不是老公，老公也不是孩子；太多的期待或再多的嚴格規定，反而容易壞了彼此的感情。**其實你內心也很清楚，這兩個角色是不容混淆的，你當然絕對可以確定且改正的。**

Q3 孩子做事老是粗心大意怎麼辦？如何培養孩子正確的價值觀？

A3 粗心大意幾乎是所有孩子的特色，事實上，就是很多成年人也很難避免。**試著讓孩子在做事、在做課業之前先有個預先的規畫，或建立個人生活記事小手冊**，將可以避免老是丟三忘四或粗心大意的錯失。至於「正確」的價值觀，如何才能建立，坦白講，年紀愈小的孩子，受家庭成員、父母師長的影響往往也就愈大；**成年人是為孩子「點燈」引導思想、行為的人**，爸爸媽媽平日的言行，更是孩子心中的榜樣，模仿的對象。

Q4 先生為了事業，長期的應酬喝酒，使我非常缺乏安全感，我必須照顧自己和小孩，我該如何調適自己，或改變先生呢？

A4 應酬一定要喝酒？喝酒才能談生意嗎？甚至這一切已經危及您的婚姻安定感時，**身為太太的實在有必要溫柔而理性的提出內心的感受，努力地作彼此善意的溝通，但千萬不要吵吵鬧鬧或哭哭啼啼。**

Q5 當孩子信心不足，責任感不夠時，我要如何給予支助？

A5 **每個人的信心皆來自成功經驗的累積。你可以試著幫他或為他製造機會，使孩子得到成功的經驗，他才會對自己逐漸有自信的能力。**例如在課業上，在小範圍小考上，做媽媽的可以陪他一起用功、教她作習題、測驗卷，使他在考試上獲得高分高成就感；**這也就是所謂的，用小成功來累積大成果**；信心與興趣，也往往跟著翩然降臨。

切記：多以鼓勵讚美來代替責備挑剔，孩子就會更有信心；多給予孩子做事、獨立完成一件事物、一樣任務的經驗，孩子的責任感也就自然建立了。

Q6 明知道自己的想法、感覺是不適當的，對人也有傷害性的，我卻放不下自己的衝動、執意要去做，這時我該如何？

A6 **在衝動、激怒中說話或做事，通常也就是造成另一個後悔、懊惱的開始。建議你：情境轉移！**暫時離開現場，暫時擺脫這樣的情緒困境，喝喝香草茶、泡泡熱水澡、聽聽自己喜歡的音樂歌曲，或看看報章雜誌上的各種稗官野史、小道消息、名人緋聞；把自己的情感暫時逆向操作，跳開自己執著焦慮的盲點；等情緒平穩平靜了，再開口、再做事，才好。

Q7 為了看電視，我和孩子在開與關之間，不停地爭執著，弄得親子關係很糟，我該如何？

A7
您說你為了電視的開與關，而跟孩子常鬧得很不愉快，想來不外乎是，你要孩子早早關了電視才好做功課，才好多些時間讀書，是不是？

偏偏電視那個五光十色的螢光幕，卻是趣味十足，令人愛不釋「眼」，孩子的一雙眼睛只要盯住了它，就彷彿被魔棒點住了似的黏在電視機前。你要他關，他偏要開，或故意磨磨蹭蹭、拖拖拉拉地勉強關起來，唉，多傷感情。

建議這位為電視苦惱的媽媽，乾脆和孩子彼此立個約定吧！約定一天最多可以看多久的電視，約定不同時段的主控權歸孩子或媽媽吧；這樣也就民主、公平多了。

Q8 我是個上班族媽媽，每天早上忙著送孩子上學，放學後又忙著接孩子到補習班，每天都戰戰兢兢的，常使家庭的氣氛變得很糟，該如何改善？

A8
又要上班又要照顧孩子的職業婦女，真是十分辛苦。緊張和忙碌，正是一切壓力堆疊的來源，壓力一加重，家庭氣氛也就很難和諧或喜悅；如果壓力不得紓解的話，長久下來是很傷身體也耗精神的。

解除壓力做好的方法就是冷靜去面對，首先對時間的分配要重新評估再做精確管理。孩子上學放學、上補習班都非得您接送不可嗎？可不可以也請先生分擔部分呢？當魚與熊掌無法完全兼得而美好的話，如果你長時期一直感覺自己瀕臨「崩潰」邊緣，可否勇敢的在工作和孩子間作一取捨？或調整輕重？

Q9 孩子很叛逆時，該如何疏導？

A9

青春的個體，成長中的心靈，最是容易叛逆，最是想「任我行」，最是不想聽成年人說教。其實所謂的「叛逆」，就是孩子的一些想法和成年人不同罷了。**建議你：不提疏導，先談溝通吧！**而我認為：了解是溝通最好的橋梁；唯有透過傾聽和關懷，才有深入孩子內心世界的可能，也才是引導、修正他偏執想法的小魔棒。

Q10 孩子看到大人不對的行為（如打牌、三字經……）提出質疑時，怎麼辦？

A10

當爸爸媽媽教孩子跟人說話要有禮貌，待人接物要誠懇時，自己卻是開口閉口必有「三字」，與人接往卻是態度輕慢；孩子聽在耳旁、看在眼裡，自然要提出懷疑。

大自然是人類最好的導師，同樣的，孩子也是父母心靈再成長的另種啟蒙師；在陪孩子成長的路上，許多父母也因此學得了純善、誠實和真情。

當孩子對成年人言行錯誤示範提出質疑時，親愛的爸爸媽媽，您就坦白承認吧；因為您的勇於認錯和改過，您的孩子也將因此學會面對自己，且不斷地在增加智慧和思考能力。

Q11 孩子充滿不安、過度依賴，怎麼辦？

A11

為甚麼自己的孩子常常顯得十分不安或過度依賴，短暫時間、一下子看不到您就慌張哭泣，當孩子顯露這種強烈的不安定情緒時。親愛的媽媽，**你千萬不可以責罵他，更不應笑他「愛哭」或「膽小」**；你要冷靜、清楚的回想，是不是在孩子的生活作息中，身為父母成年人曾經有意無意地給了孩子許多次孤單、不安全、被單獨遺忘的經驗，以至於孩子每一分鐘每一刻鐘，都十分緊張地害怕隨時「失去」您呀。

孩子不安全感的造成，問題源頭不在孩子，真正的癥結其實是成年人。

Q12 想讓孩子有良好的自我管理的能力，該如何做呢？

A12

良好的自我管理能力不是短時間就可以達成。有些人，活了大半輩子可能都做不到呢。所謂的自我管理，不外乎是能對自己周遭事物都確定安排妥當，是能對自己的感情有駕馭的能力，可收可放可行可止。

中庸有云：「凡事豫則立，不豫則廢。**」也就是說，任何事只要事先有預設的計畫和思量，就比較容易成功**，如果事先不知準備，匆促面對的話，只怕離成功的里程碑也就遙遠了。

孩子年紀小，身為父母的，可以教他從每天放學回家後的課業進度來規畫起，今天有什麼功課得先做？明天有什麼科目要測驗？後天有什麼工藝或美術作品得繳交？讓孩子試著學習安排何者為先？何者居後？怎樣進行比較理想？才可能比較事半功倍？

凡事讓孩子學會預先的規劃，正是養成自我管理的初階。

親子館 A5043

青春的滋味——最是徬徨少年時

作者——陳美儒&翁仕明
副總編輯——陳莉苓
特約編輯——楊顯慧
封面設計——江儀玲
插畫繪製——利曉文
行銷企畫——陳秋雯

發行人——王榮文
出版發行——遠流出版事業股份有限公司
100臺北市南昌路二段81號6樓
郵撥 0189456-1
電話 (02)2392-6899
傳真 (02)2392-6658

著作權顧問——蕭雄淋律師

2018年5月1日——初版一刷
售價——新台幣320元

YLib 遠流博識網

http://www.ylib.com
e-mail:ylib@ylib.com

青春的滋味:最是徬徨少年時 / 陳美儒, 翁仕明著.
-- 初版. -- 臺北市:遠流, 2018.05
面; 公分

ISBN 978-957-32-8265-5(平裝)

1. 親職教育 2. 青少年教育

528.2 107004951

青春的滋味

青春的滋味

青春的滋味

青春的滋味